Heike Bartling
Jürgen Fischer

Konsequent gewaltfrei reiten

Gebisslos Reiten

Das Bitless Bridle –
die sanfte Alternative in allen Reitstilen

Konsequent gewaltfrei reiten

Gebisslos Reiten

Das Bitless Bridle –
Die sanfte Alternative
in allen Reitstilen

von Heike Bartling
und Jürgen Fischer

Über die Autoren

Heike Bartling und Jürgen Fischer leben mit ihren Kindern und Tieren in Tarmstedt bei Bremen.

Heike Bartling ist engagierte Freizeitreiterin. Seit 1994 hält sie Pferde, hat verschiedene Reitstile gelernt und sich sehr ausführlich mit Pferdebüchern und -Zeitschriften weitergebildet. Aufgrund vieler z.T. auch bedrückender Erfahrungen hat sie Reitställe und Reitlehrer häufig gewechselt und viele unterschiedliche Ausrüstungsteile auf ihre Tauglichkeit überprüft. Sie ist dazu übergegangen, Haltungsbedingungen, Reitstile und Ausrüstungen konsequent aus dem Blickwinkel pferdegerechter Haltungs- und Reitweisen zu betrachten. Sie arbeitet seit einigen Jahren in einem Reitsportfachgeschäft.

Jürgen Fischer ist seit ca. 25 Jahren Hersteller alternativmedizinischer Geräte und Autor und Herausgeber von Fachbüchern, Zeitschriftenartikeln, Videos, Audio-CDs und Webseiten zu den Themen, mit denen er arbeitet, vor allem alternative Medizintechnik, Spiritualität und neuerdings gewaltfreies Reiten. Er ist kein ausgebildeter Reiter, aber durch viele lange Gespräche mit seiner Frau ein „kompetenter Zuhörer" geworden.

Aus eigenem Interesse am gewaltfreien gebisslosen Reiten haben Heike Bartling und Jürgen Fischer im Jahr 2001 begonnen, das Bitless Bridle zu bauen und auszutesten. Ihre Erfahrungen damit stellen sie mit diesem Buch erstmals einer breiteren Öffentlichkeit vor.

Fischer-ORGON-Technik
Am Friedhof 10
D-27412 Tarmstedt
Tel.: 04283-95 54 01
Fax: 04283-95 54 02
Email: orgon@freenet.de
Internet: www.gebisslos-reiten.de

1. Auflage
Copyright © by Heike Bartling und Jürgen Fischer
Fischer-ORGON-Technik, Tarmstedt, 2003
Herstellung: Books on Demand GmbH, Norderstedt
Printed in Germany
ISBN 3-8311-4603-9

Inhalt

Einführung

Möchten Sie mit ihrem Pferd gewaltfrei und harmonisch zusammensein, ihm unnötige Qualen und Schmerzen ersparen, ihm eine möglichst natürliche, pferdegerechte Umgebung bieten? Möchten Sie, wenn Sie mit Ihrem Pferd ausreiten, wenn Sie junge Pferde ausbilden und wenn Sie Pferde trainieren auf überflüssige Brutalität verzichten?

Wir haben dieses Buch für die engagierten Freizeitreiterinnen und Freizeitreiter (Männer sind hier in der Minderheit) geschrieben, die weniger den Leistungssport und Turniererfolge in den Vordergrund stellen, sondern die Begegnung mit diesen faszinierenden Tieren suchen.

Wenn Sie zu diesem Buch gegriffen haben, sind Sie wahrscheinlich selber schon auf den Gedanken gekommen, daß Gebisse und andere mehr oder weniger gewalttätige gebisslose Zäumungen nicht der Weisheit letzter Schluß sein können. Es muß andere, sensiblere und pferdefreundlichere Möglichkeiten geben, Zügelsignale an das Pferd weiterzugeben.

Möglicherweise haben Sie die Erfahrung gemacht, daß sich ihr Pferd dem Gebiss entziehen will, daß es die Zunge herausstreckt, auf das Gebiss beißt, damit herumklappert, den Kopf hochreißt oder zur Seite entweichen will, daß es das Maul weit aufsperrt oder laute, röchelnde Geräusche von sich gibt.

Vielleicht haben Sie auch schwere Verletzungen durch Gebisse gesehen: aufgerissene Maulwinkel, zerschnittene Zungen, verletzte Gaumen oder gar Lungenbluten oder hausgerissene Zähne. All das gibt es!

Vielleicht haben Sie selber oder in Zeitschriften gesehen, wie Reiter Ihren Pferden die Zunge im Maul festbinden. Sicher haben Sie erlebt, wie Pferden mit Sperriemen das Maul zugeschnürt wird und eventuell haben Sie auch mitbekommen, daß man bereits Kindern beibringt, wie man Pferde mit Kandaren in die „richtige Kopfhaltung" zwingt.

All das geschieht, wenn Menschen den Pferden ihren Willen über Gebisse und andere Gewalt-Maßnahmen aufzwingen wollen. Es passiert täglich und überall und wenn Sie die Augen aufmachen, werden Sie in jedem Reitstall sehen, wie Pferde mit Gebissen auf die eine oder andere Weise gequält werden. Sicher geschieht dies in den seltensten Fällen bewußt oder gar vorsätzlich. Aber die Pferde leiden – und das ist vollkommen überflüssig.

Uns geht es in diesem Buch jedoch nicht um die Gewaltexzesse, die mit der Gebiss-Reiterei einhergehen, damit könnte man ohne weiteres ein eigenes Buch füllen. Es geht uns darum, Ihre Aufmerksamkeit darauf zu lenken, daß auch die „normale", unauffällige Gebiss-Reiterei unnötige Gewalt gegen Pferde darstellt, die die Kommunikation zwischen Reiter und Pferd unangemessen behindert und daß es eine einfache und für jeden Reiter – ob Anfänger oder erfolgreicher Turnierreiter – praktizierbare Alternative gibt.

Wenn man verstanden hat, wie einfach gebissloses Reiten ist, wieviel überflüssiger Schmerz vermieden werden kann und wieviele Reitprobleme vermieden werden könnten, fragen wir uns verwundert, warum gebissloses Reiten neben der normalen Gebiss-Reiterei so lange ein Schattendasein gefristet hat. Meist ist es einfach Nichtwissen bei Reitern und Ausbildern, die unreflektiert einfach das anwenden, was „schon immer richtig war". Gebisslos zu reiten gilt heute noch weitgehend als exotisch, vielleicht als spleenig oder über-

trieben pferdefreundlich.

Gebissloses Reiten mit Bosal, Sidepull und Hackamore – den verbreitetsten gebisslosen Zäumungen – wird mit dem Westernreiten in Verbindung gebracht, da in dieser Reitweise sehr stark mit Schenkel- und Gewichtshilfen sowie mit der Stimme gearbeitet wird. Dennoch wäre es zu kurz gedacht, wollte man das gebisslose Reiten auf eine Spezial- und Freizeitform des Westernreitens reduzieren.

Gebissloses Reiten ist in allen Reitstilen möglich und es erfordert nicht mehr oder weniger Ausbildung als das Reiten mit jeder anderen Ausrüstung. Mehr noch: gerade Reitanfänger sollten gebisslos beginnen, da sie mit unruhigen Händen ihren Pferden über das Gebiss erheblich mehr Schaden zufügen können, als erfahrene Reiter. Auch für junge Pferde ist die gebisslose Ausbildung möglich und erheblich weniger traumatisierend. Deshalb werden in vielen Reitschulen gerade in der Anreitphase gebisslose Zäumungen verwendet. Der Grund, der angeführt wird, warum danach auf Gebisse umgestellt werden *muß*, lautet meist, daß die Übungen in höheren Schwierigkeitsgraden die differenziertere Einwirkung des Gebisses erfordern. Wir werden sehen, daß dieses Argument auf jeden Fall in der Freizeitreiterei einfach nicht stimmt. Der eigentliche Grund liegt dann auch auf der Hand: die Reitausbildung liegt immer noch vorwiegend in der Hand von Turnierreitern – und auf Turnieren sind in den meisten Reitstilen gebisslose Zäumungen untersagt. Deshalb werden auch Reiter und ihre Pferde fast ausschließlich mit Gebissen ausgebildet. Es liegt in der Natur der Menschen, das als richtig – und oft genug *als allein* richtig – zu proklamieren, was man für sich selber als normal akzeptiert hat. Bestimmte Entwicklungen haben die unterschiedlichen Reitstile gründlich durcheinandergewirbelt. Inzwischen gibt es viele Ausbildungsmöglichkeiten, die sich eher an den jeweiligen Trainern und weniger an traditionellen Reitstilen orientieren, z.B. Fred Rai, Klaus-Ferdinand Hempfling oder Linda Tellington-Jones um nur einige bekannte Namen zu nennen. Engagierte Freizeitreiter wissen, daß es nicht ausreicht, auf dem Pferd zu sitzen und die Befehle für Schritt, Trab und Galopp zu kennen und haben den Wunsch entwickelt, auf vernünftige, sichere und dennoch pferdegerechte und pferdeschonende Weise zu reiten. Es sind diese engagierten Freizeitreiter, für die die Begegnung mit dem Pferd als Lebewesen im Vordergrund steht und weniger der sichtbare Erfolg auf Turnieren. Das heißt andererseits: die Traditionen der Pferdehaltung und der Reitstile werden inzwischen in allen Aspekten auf den Prüfstand gestellt. Bis Mitte des 20. Jahrhunderts war es die militärische, landwirtschaftliche und transporttechnische „Verwertung" des Nutztiers Pferd, die Haltungsformen, Ausbildung und Reitweisen bestimmte. Neue Ideen hatten in diesen sehr konservativen gesellschaftlichen Bereichen wenig Chancen. Das alles ändert sich seit einigen Jahrzehnten, weil die meisten Freizeitreiter sich nicht an Traditionen gebunden fühlen und nun erstmals im Reitwesen die Chance besteht, daß sich neue, konstruktive Ideen umsetzen können. Der Aspekt der Anwendung von Gewalt oder deren permanente Androhung wird nun endlich diskutiert. Reiterzeitschriften thematisieren laufend die verschiedenen Aspekte gewollter oder unbewußter Gewalt gegen Pferde und langsam scheint sich ein Bewußtsein darüber herauszubilden, daß vieles, was bisher weitgehend unreflektiert als notwendig galt, überflüssiger Ballast ist, der die Begegnung zwischen Pferd und Reiter behindert.

Während traditionelle Reitstile wie selbstverständlich davon auszugehen scheinen, daß Pferde über Schmerz und deren permanente Androhung – besonders über Gebisse – gelenkt werden müssen, zeigen neuere Erkenntnisse, daß es nicht nur anders geht, sondern besser: Gewaltfrei gebisslos gerittene Pferde gehen entspannter, sind gesünder und kooperativer – wenn die Grundlagen der Beziehung zwischen Mensch und Pferd auf pferdegerechte Weise geschaffen werden.

Gewaltandrohung durch den Reiter – und das heißt Lernen über Angst beim Pferd – wird durch eine angemessene Dominanz des Menschen über das Pferd und durch konsequenten Verhalten ersetzt. Zu glauben, daß Gewaltandrohung und Einschüchterung die Grundlagen des Reitens sein könnten, ist gefährlich und kurzsichtig – nicht umsonst gehört der Reitsport zu den unfallträchtigsten Sportarten; d.h. das Reiten (mit oder ohne Gebiss) ist leichtsinnig, wenn der Reiter keine wirkliche, vom Pferd sichtbar akzeptierte Dominanz ausüben kann.

Der entscheidende Kritikpunkt der überzeugten Gebiss-Reiter gegen jede Art gewaltfreier Zäumung ist: der Verzicht auf Gebisse wird als Verlust von Kontrolle empfunden. Das mag subjektiv stimmen – und wer sich durch das Fehlen von Gewalteinwirkung im Pferdemaul verunsichert fühlt, sollte es beim Gebiss belassen oder vielleicht sogar überprüfen, ob das Reiten das angemessene Hobby ist. Aber es wäre mehr als kurzsichtig, aus dieser Angst ein Dogma zu formulieren, daß Gebisse unabdingbar notwendig wären. Hier schließen Reiter, die aus eigener Unsicherheit glauben, auf Gewalt über das Pferdemaul nicht verzichten zu können, von sich auf alle – und sie finden bei vielen „Experten" der traditionellen Reitstile ihre schlagkräftigen Argumente. Dennoch: es lohnt sich, die Dogmen, die Gewalt zur Grundlage der Beziehung zwischen Reiter und Pferd stilisieren, auf ihre Schlüssigkeit und auf ihre Quellen zu untersuchen. Meist bleibt das Argument. „Es war schon immer so...!"

Eine wichtige Entwicklung in den noch jungen Disziplinen der gewaltfreien Reiterei ist das Bitless Bridle: eine gebisslose Zäumung, die anders als Bosal, Hackamore oder Sidepull, tatsächlich auf jede Gewalteinwirkung verzichtet und die in der Lage ist mindestens ebenso feine und sensible Signale zu geben, wie es mit Gebissen möglich ist. Mehr noch: da alle Signale prinzipiell in derselben Weise gegeben werden können, wie sie in der Gebiss-Reiterei verwendet werden, ist in den meisten Fällen keinerlei Umschulung nötig, weder beim Pferd, noch beim Reiter.

Wer sich auf das gebisslose Reiten mit dem Bitless Bridle einlassen kann, wird eine neue Tür zwischen sich und seinem Pferd öffnen, denn der Aspekt der Gewaltandrohung hatte für beide – Pferd und Reiter – eine trennende, distanzierende Funktion, die im besten Fall die Beziehung nicht schwer belastet. Die meisten Reiter kämpfen jedoch ständig mit irgendwelchen „Reitproblemen": das Pferd fällt auseinander, geht nicht taktrein, beißt nach anderen Pferden, rennt vor etwas davon usw. usw. usw. Viele Reiter orientieren sich in ihrer Begegnung mit dem Pferd so sehr an diesen „Problemen", daß das

---

unkomplizierte, einfache und glückliche Beieinandersein, das gegenseitige Fühlen und Erleben – also das, warum so viele Frauen und so wenige Männer sich mit Pferden beschäftigen – zwangsläufig in den Hintergrund gerät. Nicht, daß wir behaupten wollten, daß mit einem neuen Ausrüstungsteil alle Probleme bewältigt werden können: aber eines der Hauptprobleme wird zumindest aktiv erarbeitet: Gewalt und Angst als trennende Faktoren zwischen Pferd und Mensch.

Das gebisslose Reiten mit Bitless Bridle eröffnet tatsächlich neue Kommunikationsebenen: das Pferd, das nicht in eine Haltung gezwungen wird, kann sich nun gegenüber dem Reiter ausdrücken, ohne sofort bestraft zu werden. Ein Pferd, das sich (d.h. den Reiter) noch nicht tragen kann, wird beispielsweise den Kopf hochreißen und sich verweigern. Der Reiter hat nun zwei Möglichkeiten: er kann das Pferd verschnallen und die „richtige" Haltung zwangsweise erreichen oder er kann sich überlegen, worin die Ausbildungsdefizite beim Pferd liegen und ihm helfen sich zu gymnastizieren und die Haltung einzunehmen, die es ihm erlaubt, einen Reiter zu tragen. Gebisslos reiten ist vielleicht anspruchsvoller und am Anfang mental anstrengender für den Reiter und die Ausbildung geht eventuell zuerst langsamer voran – aber das Pferd wird höchstwahrscheinlich länger gesund

bleiben und eine echte Begegnung zulassen. Wenn auf diese Weise Vertrauen zwischen Pferd und Reiter entsteht, werden auch „normale Freizeitreiter" das Glück dieser echten Begegnung erleben können, auch wenn sie in ihrer Reitausbildung noch nicht zum perfekten Reiter geworden sind.

Erstaunlicherweise sind die medizinischen Aspekte der Anwendung von Gebissen im Pferdemaul bisher so gut wie unerforscht geblieben. Um so alarmierender sind die Forschungsergebnisse von Prof. Robert Cook, der in jahrzehntelangen Studien belegt hat, daß die Gebiss-Reiterei eine ganze Reihe gravierender negativer Folgen für die Pferdegesundheit hat. Hauptsächlich werden durch Fremdkörper im Maul des Pferdes dessen Verdauungsfunktionen angeregt und die Atmung z.T. ganz erheblich behindert. Cook belegt beispielsweise, daß das Schäumen im Gegensatz zur traditionellen „Meinung" von Experten keine positive Funktion (sogenannte Durchlässigkeit) hat, sondern direktes Ergebnis dieser Atemnot ist: das Pferd muß die Verdauungssäfte aus dem Maul fließen lassen, um sich nicht daran zu verschlucken. Die negativen physiologischen Folgen von Gebissen werden in -zig unterschiedlichen, z.T. lebensgefährlichen Krankheiten aufgelistet: Gebisse sind eine der hauptsächlichen Risiken für die Pferdegesundheit.

Eine neue Studie der Tierärztlichen

Hochschule Hannover belegt außerdem, daß es im Pferdemaul für ein Gebiss einfach keinen Platz gibt. Zudem wurden die Pferdeköpfe in den letzten Jahrzehnten immer kleiner gezüchtet, so daß der vorhandene Raum über der Zunge noch enger wurde. Aufgeräumt wird in dieser Arbeit auch mit dem Dogma, es gäbe „sanfte" und „scharfe" Gebisse, denn gerade die als sanft geltenden dicken Gebisse nehmen den Pferden erst recht den Platz im Maul.

Eine weitere Studie der Zeitschrift Cavallo zeigt, daß das Reiten mit Anlehnung auch bei geübten Reitern, die davon überzeugt sind, die Hände ruhig halten zu können, den Pferden erhebliche Schläge mit dem Gebiss ins Maul verursacht: Das Reiten mit Anlehnung ist eine Tortour für das Pferd, denn kein Reiter schafft es, permanent in der Bewegung mitzugehen, ohne dem Pferd wehzutun.

Pferde reagieren auf Gebiss-Reiterei mit den unterschiedlichsten „Symptomen". Sie lassen die Zunge heraushängen, schlagen mit dem Kopf, reißen das Maul auf oder entwickeln unnatürlich laute Atmungsgeräusche. Oft werden diese Alarmsignale von Reitern ignoriert oder mit zweifelhaften Gegenmaßnahmen beantwortet. So werden Pferde, die das Maul aufreißen oder die Zunge heraushängen lassen, mit dem Sperriemen verschnürt. Sie werden mit Hilfszügeln in die „richtige" Zwangshaltung geschnallt und Reiter/innen, die noch nicht gelernt haben, ihre Hände ruhig zu halten, rüsten sich mit scharfen Kandaren auf. Das ergibt allzuoft eine Gewaltspirale, die zahlreiche Verletzungen und schwere psychische Störungen bei den Pferden als traurige Folge haben. Dennoch ist dies alles nur das Ergebnis eines verzweifelten Kampfes von Reiter/innen, die eigentlich einfach nur „richtig reiten" möchten und die keine andere Alternative kennen, als dem vermeintlichen Ungehorsam der Pferde mit immer härteren Mitteln zu begegnen. Viele Freizeitreiter sind hier hoffnungslos überfordert, schlecht geschult und sie lassen sich oft von fast ebenso unwissenden Reitlehrern ausbilden. Das Halbwissen über die vielen Aspekte korrekter Pferdehaltung und richtigen Reitens ist die traurige Kehrseite der Reiterei.

Gebisslos Reiten mit Bitless Bridle ist eine der Maßnahmen aus diesem Teufelskreis von Gewalt und Verzweiflung auszubrechen und einen vernünftigen Schritt auf dem Weg zu einer pferdegerechteren Reitweise zu gehen. Die Sensibilität für Schritte in dieser Richtung ist in der Freizeitreiterszene ständig gewachsen und das Thema „Gewalt im Reitsport", deren viele unterschiedlichen Aspekte gerade erst angerissen wurden, wird sich in den nächsten Jahren erheblich ausweiten, einfach, weil noch so viel im Argen liegt.

Gewalt und Freiheit im Reitsport

„*Die vermeintliche Rechtlosigkeit der Tiere, der Wahn, daß unser Handeln gegen sie ohne moralische Bedenken sei, ist eine geradezu empörende Barbarei des Abendlandes. Die Tiere sind kein Fabrikat zu unserem Gebrauch. Nicht Erbarmen, sondern Gerechtigkeit ist man ihnen schuldig. **Diese Welt ist für die Tiere die Hölle und wir Menschen sind ihre Teufel.**“*
Arthur Schopenhauer

Alltägliche Gewalt gegen Pferde

Gewaltfreies, pferdegerechtes Reiten, ist in den letzten Jahren ein Thema geworden, das in Begriffen wie „Natural Horsemanship" oder auch „Pferdeflüsterer" unsere Einstellung gegenüber der Kreatur Pferd hinterfragt. Fehlentwicklungen sollen korrigiert werden, die dazu geführt haben, daß Menschen diese großartigen, sanften Tiere für ihre Zwecke funktionalisiert und gnadenlos ausgebeutet haben, ohne ihre Natur zu achten. Wenn wir schon Pferde für unsere menschlichen Bedürfnisse züchten und halten, soll dies auf eine Weise geschehen, daß ihnen vermeidbares Leid so weit wie nur irgend möglich erspart bleibt. Hintergrund für diese Thematisierung ist die Entwicklung der Freizeitreiterei, die seit einigen Jahren erstmals alle anderen reiterlichen Traditionen rein zahlenmäßig übertrifft. Pferde werden erstmals in der Menschheitsgeschichte nicht aus wirtschaftlichen oder militärischen Gründen oder für den Einsatz im Leistungssport gehalten, sondern als Haustiere, die unser Bedürfnis nach Begegnung mit lebendigen, faszinierenden Lebewesen stillen sollen. Auch das ist eine Funktionalisierung, die einseitig von uns Menschen ausgeht, denn Pferde würden wohl kaum von sich aus die Rolle einnehmen, die wir ihnen in unserem Leben geben.

Um zu verstehen, was Gewaltfreiheit in der Pferdehaltung bedeutet, müssen wir uns vergegenwärtigen, welches Leid wir ihnen in der Vergangenheit zugefügt haben und wo die Fehler liegen, die wir immer noch begehen. Denn nur die Fehler, die wir anerkennen, können wir korrigieren.

Erst in den letzten Jahrzehnten ist das Freizeitreiten zu einem Massenphänomen geworden. Bis zur Mitte des 20. Jahrhunderts war Pferdehaltung entweder rein wirtschaftlich begründet oder hatte militärische Hintergründe. Unsere gesamte Wirtschaft ist bis in die Neuzeit auf der Kraft der Pferde aufgebaut gewesen. Alle Funktionen in Landwirtschaft, Handel und Kommunikation, die heute von Fahrzeugen und Motoren sowie der Kommunikationstechnik erfüllt werden, wurden bis vor wenige Jahrzehnten von Pferden erfüllt. Die Frage, was diese Tiere fühlten, ob sie artgerecht gehalten wurden und wie sie mit den physischen und psychischen Strapazen ihrer Existenz als Wirtschaftsfaktor zurecht kamen, dürfte sich den Menschen in dieser Zeit so selten gestellt haben, wie heute sich nur wenige Menschen fragen, wie sich Rinder oder Puten fühlen, die als vielleicht nach gesetzlichen Mindeststandards gehalten werden, die aber nur von wenigen Menschen als sensible, empfindende Wesen wahrgenommen werden, denen wir eine lebenswerte, artgerechte Existenz bieten sollten.

Wenn heute diese Frage in Bezug auf Pferde aufkommt, dann nur, weil Pferde nicht mehr als Wirtschaftsfaktor gesehen werden, sondern, als Haustiere, die ähnlich wie Hund oder Katze in unserer menschlichen Gefühlswelt eine Rolle spielen. Wir Menschen haben unsere Haltung geändert. Die Pferde sind immer noch dieselben, die sie seit Jahrtausenden gewesen sind, auch wenn wir sie durch Züchtung an unsere Bedürfnisse angepaßt haben. Indem wir Menschen den Pferden eine neue Rolle in unserem Leben gegeben haben, beginnen wir ihr Leid zu begreifen und zu verstehen, weil wir ihnen nun eine emotionelle Bedeutung *in unserem Leben* geben. Die etwas ernüchternde Botschaft lautet: es sind nicht nur edle Motive, die uns dazu bringen, das Leid der Pferde zu verstehen.

Schließlich identifizieren wir uns mit unseren Haustieren. Ob sie sich auch mit uns identifizieren, was die Pferde von uns Menschen halten, ist eine ganz andere Frage.

Wenn wir Hunde halten, beziehen wir uns auf ihre Eigenschaft als Rudeltiere, absolut loyal und anhänglich zu sein. Es ist ihre Natur, sich den anderen Rudelmitgliedern emotionell zuzuwenden. Aber wehe, wenn ein Hund in einer Familie glaubt, es sei der Rudelführer. Diese Hunde können zu tötlichen Bestien werden. Unter Beachtung dieser einen Grundlage werden Hunde unsere Verhaltensweisen immer akzeptieren, ganz egal, wie wir unser Leben einrichten.

Pferde als Haustiere haben eine ganz andere Funktion. Sie werden im Stall oder auf der Weide gehalten und wir begegnen ihnen, um auf ihnen zu reiten und sie für diese Aufgabe auszubilden. Anders als Hunde akzeptieren sie uns Menschen nicht als Mitbewohner oder Herdenmitglieder. Zunächst sind Menschen Feinde, Raubtiere, die ihnen gefährlich werden können und vor denen sie fliehen müssen. Wir können sie dazu erziehen, diesen Fluchtinstinkt uns gegenüber zu ignorieren. Pferde als wirtschaftlicher Faktor wurden so gehalten, daß sie sich uns unterwerfen, indem sie ständig daran erinnert wurden, daß Menschen fähig sind, ihnen Schmerzen zuzufügen und ihre Fluchtmöglichkeiten zu begrenzen.

Um mit Pferden jedoch auf einer Ebene zu verkehren, die uns ihnen vertraut und verständlich macht, die nicht auf der Angst der Pferde vor uns Raubtieren aufbaut, müssen wir Menschen uns anders verhalten. Der einzig gangbare Weg ist der, daß sie uns als ranghöheren Partner ihrer eigenen Gattung akzeptieren, indem wir uns ihnen gegenüber entsprechend verhalten, vor allem in unserer eigenen Körpersprache.

Anders als bei Katzen und Hunden können wir bei Pferden nicht unser eigenes unreflektiertes menschliches Verhalten zugrunde legen, um ihnen zu begegnen. Entweder wir müssen Pferde mit den Mitteln unterwerfen, die unsere Kultur dafür bereitgestellt hat oder wir müssen sie auf ihrer pferdischen Ebene verstehen und uns ihnen als ihresgleichen, jedoch als absolut und unmißverständlich dominanter Part ihrer „Herde" zu erkennen geben. Jede andere Position in der Herde würde uns in Todesgefahr bringen, denn das hieße, daß ranghöhere Pferde uns jederzeit mit ihren Methoden – also mit Tritten und Bissen – in die Schranken verweisen könnten.

Wenn wir uns also dazu entscheiden, auf die Mittel von Gewalt und Unterdrückung gegenüber Pferden zu verzichten und uns gleichzeitig nicht als ranghöheres Tier zu erkennen geben, gehen wir unkalkulierbare Risiken ein. Der Reitsport ist nicht ohne Grund eine der gefährlichsten Sportarten.

Und ein großer Teil der bisweilen tötlichen Unfälle rührt von Huftritten her, die in diesen für Menschen meist gar nicht erkannten Situationen entstehen, die aus ungeklärten Rangverhältnissen resultieren.

Der wichtigste Faktor in der Beziehung zwischen Mensch und Pferd ist die Tatsache, daß wir sie reiten wollen. Artgerechte Pferdehaltung und klar erkennbare Klärung der Rangordnung sind lediglich Voraussetzungen für eine entsprechend pferdegerechte Reitweise.

Auch hier müssen wir uns der Geschichte bewußt werden, die uns mit den Pferden verbindet, um Fehlentwicklungen zu verstehen und zu ändern.

Die Traditionen des Reitens stammen fast ausschließlich aus dem Militärwesen. Seit dem Altertum bis ins 20. Jahrhundert waren Pferde unentbehrlicher Teil der Waffentechnik. Pferde mußten in dieser Funktion hundertprozentig funktionieren und das Wesen des „Individuums Pferd" war vielleicht dem einzelnen Reiter wichtig, der zu seinem Tier eine Beziehung aufbaute, aber alle Funktionen des Reitens waren jahrhundertelang darauf ausgerichtet, daß Pferde in Reih und Glied mit allen Implikationen, die Zucht und Gehorsam mit sich brachten, einfach nur funktionieren mußten, nicht anders als die Soldaten auch.

Das meiste, was wir heute über das Reiten aus traditionellen Quellen wissen, über den Umgang zwischen Reiter und Pferd, die Kleidung, die Zäumung und die Haltung ist Teil dieser militärischen Kultur, die auf Ordnung, Zucht und Gehorsam basiert, die weder dem Pferd noch dem Reiter einen Spielraum für individuelle Fähigkeiten und Vorlieben, für Ängste und körperliche oder emotionelle Besonderheiten läßt.

Ob Dressurreiten, Galopprennen, Military-Reiterei, Trabrennen – all das sind „Nebenprodukte" militärischer Traditionen, die von wohlhabenden, militärisch ausgebildeten Pferdehaltern im Zivilleben weitergeführt wurden.

Daran, wie heute noch Dressur-Prüfungen zelebriert werden, können wir diese starre militärische Disziplin sehen. Jeder cm Stoff am Körper des Reiters ist vorgeschrieben, jede Übung wird nach ihrer Exaktheit und Präzision bei Pferd und Reiter bewertet. Geprüft wird die Anpassung an eine als absolut gesetzte Ästhetik, die sich nur durch das militärische Umfeld erklären läßt, aus dem sie entstanden ist.

Hier soll keineswegs die Dressurreiterei schlechtgemacht werden, es ist wahrscheinlich durchaus möglich, die Übungen bis in die höchsten Klassen zu reiten, ohne, daß Pferde leiden müssen. Das ist aber augenscheinlich ganz und gar nicht üblich.

Solange die „Schönheit" der Dressurübungen nicht daran gemessen werden, ob sie mit Schmerzen und Leiden der Pferde erkauft werden, ist es eine lebensfeindliche Ästhetik, die uns hier als absolut gültig verkauft und von Traditionsvereinen gepflegt wird.

Ein Zitat mag verdeutlichen, womit wir es in der Reitszene öffentlicher Events zu tun haben:

„Abschreckende Beispiele dafür lieferten die Weltreiterspiele in Jerez. Ich habe sie stundenlang am Fernseher verfolgt und die Erfindung der Zeitlupe schätzen gelernt: Da wurde geriegelt und gezerrt, Stiefelabsätze hackten bei der Dressur ständig in die Flanken, unruhige Hände zogen die Köpfe runter. Das soll die Spitze der Reitkunst gewesen sein? Ich habe kein Pferd gesehen, das wirklich harmonisch ging. Es war die new economy der Reiterei – eine blenderische Show ohne solide Grundlage; schillernde Luftballons, die platzen, ohne daß sie aufgestiegen sind. Die Tageszeitungen beklatschten die Medaillen der Deutschen, die jubelnden TC-Kommentatoren waren wohl auf beiden Augen blind." (Editorial in Cavallo 11/2002 von Hannes Scholten.)

In derselben Zeitschrift äußern sich auf Seite 60/61 einige Fachleute zu diesem absoluten Top-Ereignis des Profi-Reitsports:

„In dieser Form ist die klassische Reitkunst nicht praktizierbar und die Kommentierung fügt der Reiterei großen Schaden zu, wenn sie diese Vorführungen als „wunderbar" preist." *(Gerd*

Schwabel von Gordon, 73, staatl. gepr. Reitlehrer FN, 1,. vors. des Förderkreises der klassischen Reitlehre)

„Die dort gezeigte Sportreiterei hat nichts mit pferdegemäßer Reiterei zu tun." (Dr. Stefan Wachtarz, Pferdetierarzt aus Rastatt)

„Bei den Springreitern ist das ja auch nicht anders: ein grausiger Stil, aber die Pferde kommen trotzdem rüber." (Viola Vogler, 33, Leiterin des Reitzentrums in Hohenstein, Ausbilderin der klassischen Reitkunst und hohen Schule)

„Die in Jerez gezeigten Dressurprüfungen waren ein Trauerspiel. Der Dressursport entwickelt sich seit vielen Jahren in die falsche Richtung." (Helga Weigand, 66, Neindorff-Schülerin, bildet Dressurreiter nach klassischer Lehre aus)

„Ich kann gar nicht zusehen, was im Spitzensport als gut bewertet wird. ... Solche Fehler (wie bei Nadine Capellmanns Farbenfroh) sind typisch für Pferde, die zwar gut gezüchtet sind, aber zu schnell und unkorrekt ausgebildet werden. Da wurde schon an der Basis eine Etappe ausgelassen." (Pascale Bertier, 41, Mitglied im sächsischen Prüfungsausschuß für Pferdewirte)

Erst in den letzten Jahrzehnten entstand eine Kultur der Freizeitreiterei, in der überwiegend Frauen und Mädchen mit Pferden umgehen und reiten lernen, die natürlich nie eine militärische Reitausbildung hatten.

Die verschiedenen Schulen der Reitausbildung, und die Ausrüstung mit der geritten wird, sind jedoch immer noch in den Traditionen militärischer oder landwirtschaftlicher „Verwertung" der Pferde verhaftet. Es ist sinnvoll, diesen Gedanken zu verstehen, um sich zu vergegenwärtigen, daß es bisher in den Reit-Traditionen nur wenig Veranlassung gab, unzureichende Ausbildungs- und Haltungsdogmen zu hinterfragen und zu verändern. Diese Reitlehren sind insofern konservativ, als sie das, was funktioniert hat, unkritisch weitergeben. Die Frage der Gewalt bzw. Gewaltfreiheit hat hier bisher keine Rolle gespielt. Warum sollte das, was immer funktioniert hat, also verändert werden?

In diesem Buch können wir unmöglich alle Aspekte ansprechen, die zur pferdegerechten Haltung und Reitweise gehören. Viele Autoren haben in den letzten Jahren zu diesen Themen veröffentlicht. Wir können hier nur einige Grundlagen benennen und intensiver auf den Aspekt der gewaltfreien Zäumung eingehen, der bei vielen Autoren erstaunlicherweise zu kurz kommt oder gar nicht benannt wird.

Auch wenn es uns in erster Linie darum geht, das Bitless Bridle vorzustellen und die Vorteile dieser gewaltfreien Zäumung gegenüber anderen Zäumungen, wollen wir nicht, daß das Bitless Bridle einfach die Gebisse ersetzt und alles beim alten bleibt. Denn es ist leider ein verbreiteter Irrtum vieler Pferdehalter zu glauben, man könnte mit einer entsprechenden Ausrüstung die Fehler korrigieren, die sich in den unterschiedlichen „Problemen" zeigen mit denen alle Pferdehalter und Reiter zu tun haben. Aber die Anschaffung einer neuen und besseren Ausrüstung kann nur sinnvoll sein, wenn wir uns mit den Problemen, die wir feststellen, auseinandergesetzt und wenn wir verstanden haben, daß es nötig ist, an unserem Verständnis, unseren Einstellungen und praktischem Verhalten Korrekturen vorzunehmen.

Immer wieder stellt sich die Frage nach den Ursachen dieser Probleme. Und immer wieder finden wir dieselbe Antwort: Es sind die Charakterstrukturen jedes einzelnen Reiters, Pferdebesitzers, Reitstallbetreibers. Jeder, der mit Pferden umgeht, bringt seine Persönlichkeit ein und verhält sich entsprechend. Dabei scheinen die Verbiegungen und geistigen Blockaden der verantwortlichen Menschen im Umgang mit Pferden und anderen Tieren stärker und schärfer zum Ausdruck zu kommen, als im Umgang mit Menschen. Offenbar gibt es eine ganz spezifische Enthemmung, die uns Tieren gegenüber eher so sein läßt, wie wir wirklich sind, als wenn wir mit Menschen umgehen, weil die soziale Kontrolle fehlt. Menschen fühlen sich Tieren gegenüber „anonym". Ähnlich wie ansonsten sehr nette Familienväter auf der Autobahn plötzlich zu verantwortungslosen Dränglern und Rasern werden, gehen Menschen mit Pferden oft so um, als hätte ihr Verhalten keine Konsequenzen. Außerdem verstärken sich Menschen unter Gruppendruck sehr oft gegenseitig in falschem oder gar brutalem Verhalten, wenn es um eingefahrene Fehler und vermeintliche „Wahrheiten" in der Pferdehaltung und bei Reitweisen geht. Hier kann sich die soziale Kontrolle sehr destruktiv auswirken. Die verschiedenen „Szenen", in denen sich Reiter aufhalten, vertreten ihre Ansichten oft in einer geradezu feindlich-dogmatischen Weise gegenüber allen Versuchen, sachliche, funktionelle Zusammenhänge zu begreifen, weil das in letzter Konsequenz eventuell mit der Infragestellung von Dogmen und der damit zusammenhängenden eingefahrenen Verhaltensmuster einhergeht.

Eine weitere Ursache für Fehler im Umgang mit Pferden ist die oft erschreckende Unkenntnis über deren grundlegenden physischen und psychischen Eigenschaften und Verhaltensweisen. Einfach auf einem Pferd zu sitzen und zu reiten oder Pferde zu füttern und zu putzen, macht aus uns noch keine Pferdefachleute, auch wenn wir es über Jahre tun. Es gibt inzwischen viele sehr gute Bücher und

Webseiten von Fachleuten, die sich mit allen Aspekten beschäftigen, die wir hier nur anreißen können.

Die eigentlichen „Fachleute" sind die Pferde selber. Ihnen zuzuhören, indem wir uns auf ihre Äußerungen einlassen, sie ernst nehmen und als Grundlage unserer Entscheidungen berücksichtigen, bedeutet „Horseman" oder auch „Pferdekenner" zu sein.

Daß Pferde keine Schmerzlaute von sich geben, wird von uns Menschen leider oft mißverstanden, denn allzu oft können oder wollen wir die Signale nicht verstehen, die wir dennoch von den Pferden bekommen. Wenn ein Pferd lahmt, ist das noch recht deutlich. Sind wir uns aber klar darüber, warum es lahmt und geben wir ihm auch die Zeit, die es wirklich braucht, um eine Verletzung auszuheilen? Andere Zeichen, die uns Pferde geben, wenn sie leiden, sind subtiler. Rennt es weg, wenn wir es von der Weide holen wollen? Läuft es immer mit dem eigenen Kopf voran, wenn wir es führen? Schwitzt es vor physischer Anstrengung oder vor Stress? Gibt es laute Atemgeräusche von sich, wenn wir es „normal" reiten? Sperrt es das Maul auf, läßt es die Zunge über die Gebissstange oder gar aus dem Maul hängen? Schlägt es mit dem Kopf hin und her? Koppt es? Dreht es sich in der Box von uns weg, wenn wir es holen wollen? Reißt es beim Trab den Hals hoch? Drückt es den Rücken weg? Gibt es

sichtbaren Satteldruck? Steht das Pferd immer abgesondert von anderen Pferden oder beißt es andere Pferde?

Diese und viele andere Äußerungen können Anzeichen dafür sein, daß ein Pferd physische Schmerzen oder auch psychisches Leid erfährt.

Erstaunlich ist, wie schnell Menschen bereit sind, diese und andere Äußerungen zu verbieten oder mit unzureichenden Maßnahmen zu verdecken. Einem Pferd, das die Zunge heraushängen läßt, das Maul zuzubinden, bedeutet dasselbe, als wenn wir einem Kind das weint, ein Pflaster auf den Mund kleben, anstatt es in den Arm zu nehmen.

Die Äußerungen von Unmut zu verstehen, die ein Pferd von sich gibt, bedeutet meist, unangenehme Konsequenzen ziehen zu müssen, wenn wir begreifen, was hier tatsächlich vor sich geht. Und deshalb weigern wir uns oft, die Pferde zu verstehen. Es ist einfach bequemer, das zu tun, was alle anderen auch tun, vielleicht einen Reitlehrer zu rate zu ziehen, der uns darin bestärkt, das Pferd mit Gerte oder Sporen zu strafen, als in oft monatelanger Puzzlearbeit herauszufinden, was eigentlich wirklich falsch gelaufen ist. Und es ist alles andere als angenehm, sich einzugestehen, daß das eigene Pferd darunter leidet, was wir mit ihm tun, denn wir lieben es doch...

Die Schmerzäußerungen der Pferde zu verstehen, bedeutet, sich dem Wesen, das uns anvertraut ist, wirklich zuzuwenden und den Mut aufzubringen, uns gegen die herrschenden Konventionen zu entscheiden, die meist von den Menschen aufgestellt werden, die zufällig in einem Reitstall zusammenkommen. Diesen sozialen Druck nicht nachzugeben, den eigenen Ehrgeiz zu zügeln anstatt die Zügel noch fester anzunehmen, einen Reitlehrer zu wechseln, einen Reitstall zu verlassen, das Pferd nicht zu verkaufen, um es mit einem anderen zu versuchen. All das erfordert Mut.

Es scheint, daß vielen Pferdehaltern die einfache Tatsache völlig unbekannt ist, daß Pferde Herdentiere sind. Wie sonst wäre es möglich, daß man immer wieder Pferde sieht, die alleine auf einer Koppel stehen. Und auch in vielen modern geführten, selbst in luxuriösen Ställen sieht man immer wieder Pferde, die in einzelnen Paddocks stehen, oft sogar ohne Kontaktmöglichkeit zu Nachbarpferden. Die Gründe dafür sind offensichtlich: Beschlagene Pferde dürfen in Ställen, in denen der Leistungsgedanke im Vordergrund steht, nicht gemeinsam stehen, weil sonst die üblichen Rangeleien zu schweren Verletzungen führen können. Diese oft hochgezüchteten und teuren „Fachidioten", werden für spezielle Leistungsanforderungen gezüchtet. Dabei sind ihre psychischen und emotionellen Eigenschaften oft auf der Strecke geblieben, d.h. sie haben extreme Schwierigkeiten, sich in die Sozialstruktur einer Herde einzupassen. Die meisten Pferde werden in Ställen gehalten und haben ihren täglichen Weidegang. Oft ist dieser Weidegang nur auf wenige Stunden begrenzt und im Winterhalbjahr fällt er oft genug aus, weil schlechtes Wetter ist – nicht um die Pferde zu schonen, sondern es geht um die Erhaltung der Weiden. Wenn dann ein Auslauf fehlt, bleiben die Pferde im Stall. Oft genug ist das Auslaufgelände auch zu klein und dann stehen die Pferde im Matsch.

Das Herdenverhalten von Pferden basiert auf einer differenzierten Sozialstruktur, die für ihre psychische Gesundheit entscheidend ist. Beispielsweise können Pferde nur dann entspannen und ihre typische Schlafhaltung einnehmen (eine Hinterhand leicht angewinkelt), wenn andere Herdentiere in dieser Zeit die Wache übernehmen. Das heißt, Pferde, die alleine stehen, leiden unter Stress, unter Schlafentzug.

Viele Pferde erleiden das Schicksal, tagtäglich im Stall stehen zu müssen, oft ohne Blick- und Schnupperkontakt zu Nachbarpferden. Pferde sind auf Zärtlichkeiten, auf „Fellpflege" angewiesen. Wie wir Menschen verkümmern sie emotionell, wenn sie auf Berührungen und den Austausch von Intimität verzichten müssen.

Viele Pferde stehen in dunklen, oft schlecht belüfteten Ställen, die nicht täglich ausgemistet werden. Dann leben sie in ihrem eigenen Gestank aus Urin und Kot. Pferde haben viel sensiblere Geruchsorgane als Menschen. Wenn es uns schon stinkt, was mögen die Pferde in dieser Umgebung erleiden... Neben dem sozialen Verzicht und dem Bewegungsmangel ist die oft extreme Ammoniakbelästigung der gravierendste Nachteil der konventionellen Stallhaltung. Es ist kaum nachzuvollziehen, warum viele Pferdehalter akzeptieren, daß ihre geliebten, teuren Pferdefreunde in muffigen, lichtlosen, umgebauten alten Kuhställen stehen, die vielleicht nur einmal wöchentlich oder gar noch seltener mit dem Trekker entmistet werden. Aus Ammoniakdämpfen resultieren schwere Atemwegserkrankungen.

Ammoniakgeruch in Pferdeställen sollte als Tierquälerei betrachtet werden und jeder verantwortungsbewußte Pferdehalter müßte sofort seine Konsequenzen ziehen und den Stall wechseln, wenn es stinkt.

Haben Sie schon einmal einen Pferdemarkt oder eine Pferdemesse besucht? Haben Sie den Pferden dort ins Gesicht gesehen, in die verschlossenen, ausdruckslosen Augen? Sie drehen sich von den Menschenmassen weg – wenn sie denn können. Stumpf und apathisch stehen sie in dieser völlig verrückten, lauten, stinkenden unverständlichen Welt, in der sie eingesperrt sind. Was würden Menschen wohl erleben, wenn sie mit tausendfach sensibilisierten Sinnen zwei, drei oder gar fünf Tage lang in einer dieser Hallen aushalten müßten, in der sie bereits nach zwei, drei Stunden an Überreizung leiden. Es ist völlig unverzeihlich, Pferde einem derartigen Streß auszusetzen. Wenn Pferde Schmerzschreie ausstoßen könnten, würde kein Zuchtverein seine Tiere unter diesen Bedingungen anbieten und es gäbe dort und in den Vergnügungsparks kein Ponyreiten.

Pferde drücken ihre Stimmungen über ihre Körpersprache aus. Es lohnt sich, sich Pferde genau anzusehen, wenn sie entspannt, friedlich, verspielt und offen sind und das mit dem Ausdruck von Streß oder Aggressivität zu vergleichen. Die meisten werden wissen, was die Gebärden der Ohren zu bedeuten haben, da sie ein deutliches Anzeichen dafür sind, wohin sich die Aufmerksamkeit des Pferdes richtet und wir sollten die Drohgebärden der Ohren zu unserer eigenen Sicherheit kennen.

Was weithin unbeachtet bleibt, ist die Tatsache, daß Pferde eine deutliche Ausdruckssprache im Gesicht zeigen, die der Mimik von Menschen sogar ähnlich ist. Sie pressen die Lippen aufeinander, wenn sie angespannt oder ärgerlich sind oder sie lassen die Unterlippe hängen, wenn sie entspannen. Sie spitzen die Lippen wie zum Kuß, wenn sie fröhlich erregt sind oder sie zeigen die Zähne, wenn sie aggressiv sind. Genauso zeigen sie deutliche „Sorgenfalten" im Gesicht, wenn sie sich unwohl fühlen und wenn sie glücklich sind, glättet sich ihre Gesichtsmuskulatur. Wenn ihre Leiden länger anhalten, bekommen Pferde den typischen stumpfen, fahlen Ausdruck von Resignation, den man auch von chronisch unglücklichen Menschen kennt.

Wir wollen hier die Gefühlsäusserungen der Pferde auf gar keinen Fall vermenschlichen, aber die Parallelität vieler dieser emotionellen Ausdrucksformen mit denen von uns Menschen ist erstaunlich. Wir Menschen sind eben biologisch gesehen auch nur eine Tiergattung, und warum sollte der Ausdruck von Emotionen wie Freude, Streß, Trauer oder Langeweile auf unsere eigene Gattung begrenzt sein? Man könnte sicher darüber streiten, inwiefern Pferde ähnlich wie Menschen „denken" können. Daß sie Gefühle haben, unter Stimmungsschwankungen zu leiden haben, Emotionen ausdrücken wie Freude, Lust oder Angst, dürfte niemandem entgangen sein, der intensiv mit ihnen zu tun bekommen hat – vielleicht mit Ausnahme derjenigen, die behaupten, daß Pferde „lebende Sportgeräte" sind.

Das Geschäft mit dem Pferd: warum sich nichts ändert

Alle, die sich mit Pferden beschäftigen, sind den verschiedenen Ebenen von Gewalt begegnet, von gedankenlosen Unachtsamkeiten bis hin zu unbeschreiblicher Brutalität. Man fragt sich natürlich: warum ändert sich hier so wenig, woran liegt es, daß viele Formen der Gewalt bekannt sind, aber es geht einfach weiter. Einige Exzesse wie das Barren von Springpferden durch renommierte Springreiter, die Skandale um europaweite Tiertransporte oder das massenhafte Abschlachten der australischen Brunbys oder nordamerikanischen Mustangs als Fleischlieferanten führen zu kurzfristigen Strohfeuern in Presse und Fernsehen, aber das alltägliche Leiden der Pferde in tausenden Ställen bleibt unbeachtet.

Der Hauptgrund ist und bleibt das Pferd als Wirtschaftsfaktor. Waren es früher die unzähligen Militär-, Kutsch- und Grubenpferde, die als Vieh angesehen und entsprechend dieser Verwertungsinteressen gehalten wurden, sind es heute die Zuchtpferde, die für den Reit- und Springsport industriemäßig aufgezogen und ausgebildet werden. Natürlich gibt es Pferdebetriebe, die Pferde artgerecht züchten und sanft ausbilden. Aber das dürfte die Minderheit sein. Sobald Pferde aus wirtschaftlichen Gründen aufgezogen und ausgebildet werden, rücken ökonomische Faktoren auf Platz eins der Kriterien, nach denen die Pferde gehalten und behandelt werden.

Was Pferden im industriell und international organisierten Pferdehandel geschieht, dürfte alleine ein dickes Buch füllen.

Das Gerücht, daß das Westernreiten eine sanftere Methode sei als die „englische" Dressurreiterei hat in den letzten Jahrzehnten zu einem Boom des Westernreitens auch im Freizeitreitsport geführt. In den USA wurden Quarterhoreses in Massen gezüchtet, nach zwei Jahren werden sie oft mit brutalsten Methoden eingeritten und im Schnellverfahren nach ihren Verwertungsmöglichkeiten sortiert.

Der Ausschuß, d.h. die Pferde, die für den US-Markt nicht taugen, kommt nach Europa. Wer wissen möchte, wie diese Pferde aussehen, kann sie bei einschlägig bekannten Importeuren begutachten. Es ist gut, auf eine solche Studienreise einen Tierarzt mitzunehmen.

Aber den hierzulande aufgezogenen Pferden geht es nicht viel besser. Quarterhorses, die mit zwei Jahren sehr hart eingeritten werden, können mit knapp drei Jahren bereits Sliding Stopps und Spins. Wie lange werden diese Pferde ohne Rücken- und Gelenkprobleme durchhalten? Die Besitzer sind wahrscheinlich sehr stolz auf die besonderen Fähigkeiten dieser Pferde und werden sie bald für recht viel Geld verkauft haben.

Wir sind als Freizeitreiter, d.h. als Kunden, die diese gequälten Kreaturen dann schließlich kaufen, direkt und ursächlich an ihrem Leid beteiligt, denn nur, wo ein Markt existiert, lohnt es sich Pferde industriemäßig zu züchten und auszubilden, „fertig machen" heißt das zynisch in der Fachsprache und das ist auch durchaus so gemeint wie es klingt.

Angesichts dieser Bedingungen muß uns unser Anliegen, das Bitless Bridle als sanfte Zäumung und das Wissen um die Brutalität der Gebiss-Reiterei bekannt zu machen, geradezu lächerlich idealistisch vorkommen. Wir haben es mit einem Bereich zu tun, in dem knallhartes Geschäftsdenken bestimmt, wie mit Pferden und mit Menschen umgegangen wird. Begriffe wie „artgerechte

„Pferdehaltung" oder „sanftes Reiten" sind in diesem Bereich einfach nur exotisch.

Die ganze Angelegenheit wäre ja noch irgendwie zu rechtfertigen, wenn wir es hier mit den sogenannten „schwarzen Schafen" einer ansonsten seriösen Branche zu tun hätten. Aber es sind berühmte Welt- und Europameister, Profi-Reiter, die mit den Preisgeldern und mit den Zuchtresultaten und Decksprüngen aus ihren Pferden und Angestellten Millionen herausholen, die hierzulande den Ton angeben.

Wir haben vor wenigen Jahren einem solchen deutschen Western-Profi bei der Arbeit des „Fertigmachens" zugesehen. In der halben Stunde hat er es geschafft, ein Pferd im Galopp gegen die Bande zu reiten – aus Strafe wegen „Ungehorsams" – so daß es aus den Nüstern blutete, als es an uns vorbeigeführt wurde.

Wir müssen so realistisch sein zu erkennen, daß in der Pferdezucht und -ausbildung wie in allen anderen Bereichen, in denen mit Tieren Geld verdient wird, all das getan wird, was nicht ausdrücklich verboten ist. Oft genug werden die wenigen existierenden Verbote und Tierschutzbestimmungen auch noch ignoriert und es muß viel Schlimmes geschehen, bevor die Behörden gegen einen Pferdehalter vorgehen, der seine Tiere mißhandelt, sie verhungern, verdursten oder im Mist stehen läßt. Und während in der Landwirtschaft die Haltungsbedingungen für Tiere immer schärferen Gesetzen unterliegen und von Politik und Verbraucherverbänden sehr kritisch unter die Lupe genommen werden, herrschen im Bereich Pferdesport immer noch weitgehend die Bedingungen des 19. Jahrhunderts. Es ist ein fast rechtsfreier Raum und auch die Bereiche, die geregelt sind, wie z.B. Transportzeiten und Verbot der Ständerhaltung, werden mit großer Wahrscheinlichkeit in großem Umfang umgangen.

Zeitschriften wie „Cavallo", „Pegasus", „Pferde Heute" oder „Freizeit im Sattel" haben begonnen, das Thema Gewalt gegen Pferde in verschiedenen Aspekten öffentlich zu machen und insofern sind die Pferde nicht mehr ganz ohne eigene Öffentlichkeit. Aber wenn wir die vielen Hochglanz-Fachzeitschriften sehen, die im großen Umfang Turnierberichte und Vereinsnachrichten veröffentlichen, fällt auf, daß dort auf kritische Berichte weitgehend verzichtet wird. Liegt hier nicht der Verdacht nahe, daß es ein Interessenkartell gibt? Es ist ziemlich offensichtlich, daß diejenigen, die an der Ware Pferd mit Turnieren, Deck-Anzeigen und Zuchtberichten ihr Geld verdienen, kein Interesse haben, daß die Bedingungen, unter denen diese Geschäfte abgewickelt werden, in die Öffentlichkeit gezerrt werden.

Der Begriff „Pferdehändler" war schon in der Vergangenheit ein Synonym für jemanden, der unseriöse Geschäfte macht. Es ist eines der dunkelsten und erschreckensten Kapitel, wenn es darum geht, welche Formen von Gewalt gegen Pferde hierzulande allgemein akzeptiert werden. Gehen Sie mit offenen Augen über einen ganz normalen Pferdemarkt und vielleicht sehen Sie sich auch bei den Hängern um, die in der Nähe des Marktes geparkt sind, und wo die Tiere gehandelt werden, die aus guten Gründen nicht auf den Markt gestellt werden, seien sie gestohlen oder in einer Verfassung, die man auch mit Medikamenten nicht mehr einer schon abgehärteten Öffentlichkeit zumuten möchte.

Wir haben selber in den zwei ersten Jahren unserer Pferdekarriere drei leidvolle Erfahrungen mit Pferden gemacht, die wir von Händlern in unserer Umgebung gekauft haben. Es waren u.a. verrittene, verwurmte und – nachdem die Sedierung nachgelassen hatte – aggressive Tiere, die uns als „Kinderponys" und mit vielen anderen märchenhaften Eigenschaften verkauft wurden. Wir waren wirklich naiv und glaubten, hier auf dem Land würden uns die Händler sicher nicht besch..., weil sie sich das in einer Gemeinde, in der jeder jeden kennt, nicht leisten können. Pustekuchen! Heute wissen wir: wer sich als Laie ohne professionellen Beistand beim Händler ein Pferd kauft, sollte sein Geld lieber gleich bar bei ihm abgeben. Es kommt billiger und schont die Nerven.

Auf der Suche nach Material für dieses Buch haben wir uns in der veterinär-medizinischen Literatur umgesehen, um mit großem Erstaunen festzustellen, daß es in Deutschland keine einzige Arbeit über die physiologischen Folgen der Anwendung von Gebissen im Pferdemaul gibt. Und über die Anwendung von gebisslosen Zäumungen existiert ebenfalls keine einzige wissenschaftliche Arbeit. Vielleicht gibt es ja irgendwo entsprechende Untersuchungen. Wir wären jedenfalls sehr dankbar, wenn wir eines Besseren belehrt werden könnten.

Verletzungen, Erkrankungen und Verhaltensstörungen durch Gebisse sind eine alltägliche Erscheinung. Um so erstaunlicher, daß darüber offensichtlich gar nicht geforscht wurde.

Die ins Auge springende Brutalität gegenüber Pferden wird ignoriert und geradezu als naturgegebene Selbstverständlichkeit akzeptiert, wenn Menschen sie als *die* normale Realität ansehen. Das gilt heute noch für das Reiten mit Gebissen. Aber die Diskussion dieses Themas wird auch hier langfristig Veränderungen bringen. Die gleiche Diskussion findet beispielsweise seit einigen Jahren in Bezug auf Ständerhaltung statt, die in nur zwei Bundesländern inzwischen verboten, andernorts aber immer noch erlaubt ist, obwohl sie als tierquälerisch gilt.

Die Diskussion um die Treibjagd in England spaltet eine ganze Gesellschaft. Das Thema und der Umgang der Briten damit mag hierzulande Kopfschütteln hervorrufen. In Großbritannien jedoch, wo der Tierschutz als polizeiähnliche Behörde organsiert ist und von vielen Menschen leidenschaftlich verfochten wird, führt man diesen Streit mit verbissenem Ernst. Jedem vernünftig denkenden Menschen dürfte klar sein, daß es grausam, sowie Tieren und Menschen unwürdig ist, Tiere zu züchten, damit man sie zu Pferde jagen und von einer Hundemeute zerreißen lassen kann.

Hier zelebriert die konservative ländliche Oberschicht ein archaisches Jagdvergnügen um einer Tradition willen, die damit auch ihre eigene Fragwürdigkeit demonstriert. Und diese Reitertradition hat viele direkte und indirekte Verbindungen dazu, wie sich das Reiten und unser Verhalten den Pferden gegenüber auch in unserer Gesellschaft darstellen.

Auf jedem durchschnittlichen Westernturnier treten Reiter auf, denen man am liebsten verbieten möchte, sich einem Pferd auch nur zu nähern.

Auf Military-Rennen brechen sich Jahr für Jahr Pferde und Reiter die Knochen – aber nur die Pferde werden dann getötet.

Western-Pferde werden für spektakuläre Barrel-Races und Sliding Stops trainiert und oft halten ihre Gelenke diese Belastung nur wenige Jahre durch. Neurotische Monster, d.h. hochgezüchtete Galopper, Traber und Springpferde fahren für ihre Besitzer mit Preisgeldern und Decktaxen Millionen ein. Viele dieser Pferde stehen ihr Leben lang in Ställen ohne jemals ein Herdenleben kennenzulernen. Durchschnittliche Freizeitreiter haben mit diesen Auswüchsen des „professionellen" Reitsports und dessen kommerzieller Verwertung im allgemeinen nichts am Hut, aber kann das bedeuten, daß wir all das einfach vergessen können? Der Reiteralltag ist von diesen Traditionen bestimmt. Es wäre naiv zu glauben, daß es möglich ist zu reiten und Pferde zu halten, ohne auf Schritt und Tritt Vorurteilen und scheinbar ehernen Gesetzen zu begegnen und ihnen immer wieder auch praktisch ausgeliefert zu sein. Wenn es um die Ausbildung von Pferd und Reiter geht, stösst der normale Freizeitreiter oft auf Probleme, die er/sie nur mit professioneller Hilfe von Fachleuten lösen kann.

Solange Gebisse als normal und gebisslose Zäumungen als versponnene Spielerei gelten, kommt es konservativ denkenden Menschen nicht in den Sinn, Forschungsaufwand in eine Sache zu investieren, die offensichtlich naturgegeben und alternativlos ist. Sowohl Tierärzte als auch Reiter kommen – zumindest bisher – aus eher konservativen Kreisen der Gesellschaft, in denen man nicht aus Jux und Tollerei die gesamte Grundlage der traditionellen Reitweisen in Frage stellt. Und die Vermutung liegt nahe, daß viele Tierärzte und Ausbilder es wissen, weil sie es tagtäglich erleben: Gebisse in all ihren verschiedenen Formen können brutale Folterwerkzeuge sein und sie werden als solche eingesetzt.

Die grausamen Wirkungen der Gebisse

Ein einziger Veterinär hat grundlegende Forschungen zur Wirkung von Gebissen auf die Pferdegesundheit vorgelegt: Professor Robert Cook von der Tuffs University, Messachusetts. Er hat als Chirurg in Kliniken in den USA und Großbritannien gearbeitet. Seine Forschungen waren seit seiner Graduierung im Jahr 1952 auf Krankheiten der Atemwege von Pferden fokussiert.

Als international anerkannter Wissenschaftler, erforscht er seit den 60er Jahren auch die Wirkungen von Gebissen. Er untersuchte bei über 100 Pferden physiologische Wirkungen der Gebisse auf Maul, Maulhöhle, Kehlkopf und in der Luftröhre und die weiteren Folgen für Bewegungen und Verhalten der Pferde. Seine Erkenntnisse führten bei Prof. Cook zu einer kompromisslos ablehnenden Haltung gegenüber der Anwendung jeder Art von Gebiss.

Die Behauptung, Pferde müssten auf dem Gebiss kauen, Schaum entwickeln und mit dem Unterkiefer nachgeben, wird von ihm nachdrücklich in Frage gestellt: Pferde sollen wenn sie arbeiten ein trockenes Maul haben. „Es kann entweder laufen oder fressen. Beides gleichzeitig geht aus anatomischen Gründen nicht," schreibt Prof. Cook. „Dieser ganze Sabber ist für das Pferd ein Ärgernis, wenn es tief und viel atmen muss. Jeder Versuch den Speichel zu schlucken, birgt für das Pferd die Gefahr, plötzlich keine Luft mehr zu bekommen, was an dem angestrengten Ausdruck, den aufgeblähten Nüstern und dem wilden Schnauben der Sportpferde leicht erkennbar ist. Dies ist kein Zeichen von Temperament, sondern von Unwohlsein und Angst."

Als Verfechter dieses kompromißlosen Kampfes gegen Gebisse im Pferdemaul ist Prof. Cook ungewöhnliche Wege gegangen: er propagierte eine gebisslose Zäumung, die in den USA als „Spirit Bridle" bekannt ist und brachte sie unter dem Begriff „*The* Bitless Bridle" heraus.

Wir wollen uns an dieser Stelle mit den Forschungsergebnissen und Argumenten Prof. Cooks beschäftigen, ohne jedoch eine wissenschaftliche Abhandlung daraus zu machen. Sehr ausführliche wissenschaftliche Artikel von Prof. Robert Cook sind auf seiner Webseite www.bitlessbridle.com zu finden.

Dies ist eine Zusammenfassung und kurze Erläuterung der Thesen seines Artikels „ON THE PENALTIES OF BITS AND THE BENEFITS OF BITLESSNESS", aus „Horse America", May 1999, der auch auf seiner Webseite zu finden ist.

„1. Alle Gebisse verursachen Schmerz und einige Gebisse sind schmerzhafter als andere."
Das Maul ist mit Lippen, Zunge und Gaumen eine der empfindlichsten Körperregionen des Pferds. Im Maul ist die Anzahl der Nervenenden und Schmerzrezeptoren besonders hoch.

„2. Man kann von einem Pferd nicht verlangen, gleichzeitig zu fressen und zu arbeiten."
Durch ein Gebiss im Pferdemaul werden Freß- und Verdauungsreflexe ausgelöst. Gleichzeitig wird das Pferd auf Bewegung, auf vertiefte Atmung konditioniert, indem es gezwungen wird zu laufen. Damit werden zwei völlig gegensätzliche Signale an das Nervensystem gegeben, denn die Reflexe für „Fressen und Verdauen" und diejenigen für „Fluchtreflex und Bewegung" schließen einander aus. Beide Reflexe bedingen bestimmte physiologische Wirkungen, die konträr sind.

Das Gebiss regt Reflexaktivitäten der Zunge und des Gaumens an, wodurch u.a. die Speichelabsonderung und Schluckreflexe aktiviert werden, was den Luftweg einschränkt oder gar völlig verschließt.

Durch die Auslösung des Bewegungs- und Fluchtreflexes wird der Gaumensegel aktiviert, damit er den Rachenraum verschließt. Ein Pferd kann nur durch die Nase ein- und ausatmen (nicht wie wir Menschen alternativ durch Mund oder Nase). In der unbehinderten Bewegung – also ohne Gebiss – sind die Lippen des Pferdes verschlossen, Gaumen und Zunge sind im Ruhezustand und weitgehend trocken, weil alle Verdauungsfunktionen eingestellt sind.

Dieses „physiologische Durcheinander" führt somit zu widersprüchlichen Reaktionen, die einerseits in schwerwiegenden Gesundheitsproblemen resultieren können, andererseits wird das ausgelöst, was als „Schäumen" in der Reiterfachwelt sogar erwünscht ist. Es ist nichts anderes als ein Ergebnis dieses Konfliktes zwischen Flucht- und Verdauungsreflexen. Das Pferd muß den entstandenen Speichel irgendwie loswerden.

„3. Ein Gebiss verursacht Nackensteifheit"
Ein Pferd, das sich „auf das Gebiss legt" – und das tun viele Pferde, die in abso-

luter Anlehnung geritten werden, um den unberechenbaren Schlägen ins Maul vorzubeugen – verliert damit seine Beweglichkeit im Hals. Diese Beweglichkeit ist allerdings Vorbedingung für jede athletische Leistung. Kein Sportler könnte Leistungen bringen, wenn ihm der Kopf so festgeschnallt würde, daß er den Hals nicht mehr bewegen könnte. Die Unbeweglichkeit des Halses setzt sich im Rückgrat fort und so verkrampfen sich auch die Beinbewegungen, die kürzer, abgehackter und langsamer werden. Durch die eingeschränkte Wirbelsäulenfreiheit geht das Pferd auf der Vorderhand, denn es kann sich nicht ausbalancieren. Dadurch werden Sehnen, Bänder, Gelenke und Knochen stark belastet. All das führt zu vielerlei Ausfällen, Krankheiten und Unfällen. Das Pferd verliert durch die Reitarbeit in dieser verkrampften Haltung viel Energie, d.h. es ermüdet und altert schneller.

„4. Jede Störung der Atmung behindert ebenfalls die Beinbewegung"
Im Trab oder Galopp atmen Pferde im Rhythmus ihrer Beinbewegung. Atmung und Beinbewegung sind direkt miteinander verkoppelt. Durch die Behinderung der Atmung wird somit gleichzeitig auch die Bewegung behindert. Das Gebiss schränkt also die Bewegung ein, verursacht Straucheln und steifen Gang und ist für den Verlust der

Leichtigkeit verantwortlich, die für freie Pferde so typisch ist.

„5. Reduzierung der natürlichen Pendelbewegung des Kopfes"
Das frei galoppierende Pferd gleicht den Schwung des Körpers durch Pendelbewegungen von Kopf und Hals aus. Indem es durch ein Gebiss in dieser Bewegung behindert wird und sich auf das Gebiss legt, muß es für diese Bewegungen erheblich mehr Energie aufwenden. Das führt zu Atemnot und frühzeitiger Ermüdung und das kann Ursache für Zusammenbrüche sein.

„6. Das Gebiss kann zu übertriebener Nackenbeugung beitragen"
Das Gebiss wird dazu eingesetzt, die Geschwindigkeit des Pferdes über Schmerz oder Schmerzandrohung zu regulieren. Das Pferd wird dazu gebracht, seinen Nacken zu beugen, was mit unbehinderter Atmung unvereinbar ist, denn schnellere Bewegungen erfordern eine viel höhere Atemluftzufuhr. Vor allem viele Dressur-Pferde werden mit vertikalen Kopf geritten oder gar mit einer Beugung, die über die Vertikale hinausgeht. Dadurch wird die Luftzufuhr zusätzlich stark eingeschränkt. Das ist die Ursache der häufig auftretenden Keuchgeräusche, die Pferde von sich geben.

*„7. Das Gebiss verursacht viele Maul-
und Zahnprobleme"*

Wolfszähne werden verschlimmert und müssen entfernt werden. Das Ende des Backenstücks presst die Mundschleimhaut gegen die scharfen Ränder der Backenzähne, was zu Geschwüren führt. Das Gebiss ist ursächlich verantwortlich für aufgerissene Lippen, Gaumenquetschungen, Verletzungen der Zunge und Brüche im Unterkiefer. Das Pferd kann das Gebiss zwischen die Zähne nehmen und dem Reiter damit jede Kontrolle nehmen. Ständiger Druck auf den Unterkiefer kann Neuralgien (Nervenentzündungen) verursachen und könnte damit eine Ursache für Headshaking sein. Das Gebiss ist für das junge Pferd im Zahnwechsel eine zusätzliche schwere Belastung. Bei unsachgemäßer Anwendung des Gebisses können Geschwulste und Melanome an den Lippen auftreten. Das Gebiss führt zu Zungenbewegungen und das führt vor allem bei Rennpferden dazu, daß ihnen die Zunge festgebunden wird. Bei Anfängern oder Reitern die nicht richtig sitzen können, werden Gebisse zu Waffen, und das kann neben Verletzungen beim Pferd auch zu Unfällen von Pferden und Reitern führen.

Gebisslose Zäumungen: Gewalt mit anderen Mitteln?

Wir haben uns gefragt, wie weit wir in diesem Buch auf die unterschiedlichen gebisslosen Zäumungen eingehen wollen. Bei dieser Überlegung stellte sich heraus, daß die meisten gebisslosen Zäumungen innerhalb bestimmter reiterlicher Disziplinen für spezielle Zwecke entwickelt worden sind und meist innerhalb begrenzter Aufgabenstellungen – z.B. zum Anreiten junger Pferde vor oder während des Zahnwechsels – benutzt werden. Bei der Durchsicht der spärlichen Literatur zum Thema ist uns zudem aufgefallen, daß auch die Fachbücher keine vollständigen Darstellungen anbieten, sondern immer nur eine willkürliche Auswahl.

Bis auf ganz wenige Ausnahmen präsentieren sich gebisslose Zäumungen mit derselben Gewalt-Philosophie, die auch für Gebisse gilt. Es sind oft lediglich „Ersatz"-Zäumungen für die Gebiss-Reiterei, wobei der Schmerzpunkt auf einen anderen Teil des Kopfes verlagert wird, also auf den Nasenrücken oder die Kehle. Daher sind die meisten gebisslosen Zäumungen „Mo-

gelpackungen", die den sanfteren Umgang mit Pferden nur vortäuschen. Schlimmer noch: gerade durch solche „sanften" Zäumungen, die dem Pferd immer noch erhebliche Schmerzen zufügen können (*und sollen!*), werden Reiter darauf konditioniert, daß es nötig ist, auch beim gebisslosen Reiten das Gewalt-Monopol in der Hand zu halten.

So sind die einzigen weitgehend gewaltfreien gebisslosen Zäumungen das einfache Halfter wie z.B. das Knotenhalfter nach Parelli, der Leder-Kappzaum, der Halsring, das Seil und das Bitless Bridle.

Halfter, Seil und Halsring werden im Westernreiten verwendet und erfordern – wenn man sie als vollwertige Zäumung einsetzen will – ein spezielles, sehr ausgefeiltes Training von Pferd und Reiter. Sie sind somit tatsächlich erst dann verwendbar, wenn beide ein recht hohes Ausbildungsniveau erreicht haben.

Der Kappzaum wird heute fast ausschließlich als Longierzäumung verwendet. Er wurde vom 16. bis zum 18.

Jahrhundert zwar auch in der Dressurarbeit eingesetzt und man findet ihn heute noch vereinzelt in der spanischen Dressur, dabei werden jedoch oft Metall-Versionen verwendet, die zudem innen Eisennoppen oder Dornen besitzen und dem Pferd ganz erhebliche Verletzungen beibringen können. Als vollwertige Zäumung im Freizeit-Reitsport ist auch der Leder-Kappzaum ungeeignet, denn er erlaubt keine differenzierte seitliche Einwirkung.

Bleibt also einzig das Bitless Bridle, das wir hier als Alternative zum Gebiss und zu scharfen gebisslosen Zäumungen vorstellen.

„Konsequent gewaltfrei reiten" bedeutet: Wir können Gewalt gegenüber Pferden mit konsequentem Verhalten ersetzen. Seien wir jedoch auch konsequent uns selbst gegenüber, indem wir auch in der Ausrüstung keine versteckte Gewalt akzeptieren.

Die unrühmliche Rolle gebisslosen Reitens in verschiedenen Reitstilen

Traditionellerweise wird gebissloses Reiten mit dem Westernreiten in Verbindung gebracht, weil hier die Sitz-, Gewichts- und Stimmhilfen differenzierter ausgebildet und benutzt werden als im Dressurreiten.

Das hatte vor allem praktische Gründe, denn die eher pragmatischen amerikanischen Rancher haben oft den ganzen Tag im Sattel verbracht und viele Arbeiten auf dem Hof erfordern, daß man die Hände frei hat. Ausserdem wurde den Pferden beigebracht (d.h. sie wurden speziell für diese Aufgabe gezüchtet) im Cutting die Rinder selbständig aus der Herde herauszuholen, d.h. der Reiter muß so entspannt und sicher sitzen, daß er in der Lage ist, alle autonomen Bewegungen des Pferdes mitzumachen.

In allen Reitstilen jedoch werden junge Pferde auch gebisslos angeritten. Oft hat das den Grund, daß schon zwei- bis dreijährige Pferde angeritten werden, die mitten im Zahnwechsel stecken. Es hat sich herausgestellt, daß junge Pferde, die mit Gebiss angeritten werden und dabei schmerzhafte Erfahrungen machen, oft lebenslang schwerwiegende Aversionen gegen Gebisse entwickeln. So wird den Jungpferden mit teilweise auch recht grausamen Instrumenten, d.h. mit scharfem Seil-Sidepull, dem amerikanischen Hackamore mit langen Anzügen und dem Bosal aus harter Rohhaut bzw. innen mit Metallnoppen bewaffneten Nasenriemen oder mit Metall-Kappzaum der entsprechende Gehorsam und die gewünschte Hals- und Kopfhaltung beigebracht, um nach dem Zahnwechsel auf Gebisse umzusteigen.

In all diesen Varianten wird der Gewalt-Gedanke nicht in Frage gestellt, sondern im Gegenteil: Die Gegenwehr des Pferdes soll schon im jungen Alter gebrochen und für den Reiter beherrschbar bleiben. Wenn diese Lektion von jungen Pferden gelernt wurde, werden sie einerseits wissen, daß Schmerz folgt, wenn sie nicht das tun, was der Reiter verlangt, andererseits werden sie das Gebiss als „relative Befreiung" begrüßen. Sie haben sich in der Anreitphase an der gebisslosen Zäumung abgearbeitet, ihnen sind möglicherweise schmerzhafte Verletzungen zugefügt worden und sie können nun mit Gehorsam reagieren. Wenn alles glimpflich ablgelaufen ist, haben sie nun die Chance, sich am Gebiss im Maul nicht mehr schwer zu verletzen, sondern sich rechtzeitig zurückzunehmen.

Damit kommen wir zu dem traurigen Resultat: gebisslose Zäumungen werden überwiegend nicht als „sanfte Variante" eingesetzt, sondern sie dienen ganz im Gegenteil dazu, junge Pferde auf die Bedeutung der Gewalt im Reitalltag zu programmieren, ohne daß sie diese erste schmerzhafte Erfahrung mit dem Gebiss in Verbindung bringen.

Oft genug ist dieses optimale Ergebnis nicht zu erreichen und so geht das Trauerspiel von Gewalt und Gegenwehr weiter, ein ganzes Pferdeleben lang.

Prof. Cook hat die Unter- und Oberkiefer von Pferdeschädeln untersucht und häufige Knochenabsplitterungen und Frakturen im Bereich der Gebisse festgestellt. Kein Schädel war ohne Kiefer-Verletzungen. Um auszuschließen, daß es auch rein natürliche Abnutzungserscheinung sein könnten, z.B. Unfälle beim Abnagen von Ästen, hat er auch die Köpfe von Zebras untersucht, die ja beileibe kein sanftes, behütetes Leben führen. Bei den Zebra-Schädeln hat er keine Verletzung von Unter- oder Oberkiefer feststgestellt, die der Art von Verletzungen bei Reitpferden glichen.

Die Angst vor der Freiheit des Pferdes ...und sich selbst

Kontrolle findet im Kopf statt, nicht am Zügel. Die Reiter, die glauben, sie könnten mit einem Gebiss, eventuell mit einer Kandare oder einer scharfen mechanischen Hackamore ein Pferd besser reiten als mit einer sensiblen gebisslosen Zäumung, haben damit wahrscheinlich sogar recht, denn genau das geschieht, wenn man derartige Glaubenssätze definiert. Man konditioniert sich und so gestaltet man sich eine eigene Realität.

Das Hirngespinst der Kontrolle

Ein Gebiß im Pferdemaul vermittelt Reitern das Gefühl von mehr Sicherheit. Doch die entsteht allein im Kopf und hat wenig mit der Wirklichkeit zu tun – siehe die unzähligen Pferde, die mit Gebiß durchgehen. Trotzdem behaupten viele, sie hätten mehr Kontrolle über das Pferd. Dahinter steckt ein subtiler Mechanismus: Die meisten Reiter fühlen sich mit Gebiß sicherer, weil sie an diese Zäumung gewöhnt sind. Daher bleiben sie in brenzligen Situationen entspannter. Die Ruhe überträgt sich auf das Pferd, so daß ein Reiter es leichter kontrollie-ren kann – aber nicht, weil er es mit Gebiß reitet, sondern weil er dem Pferd unbewußt signalisiert, daß es keinen Grund zur Aufregung gibt. Wer dagegen zum ersten Mal ohne Gebiß reitet und unsicher ist, ob er mit dieser Zäumung das Pferd kontrollieren kann, schiebt Probleme sofort auf das fehlende Gebiß. „Wer Angst hat, verspannt sich. Dann sind Muskeln blockiert, mit denen man auf das Pferd einwirkt", sagt Barbara Groth, Psychotherapeutin und Traine-rin-C-IPZV aus Kleve/Schleswig-Holstein. Wer in so einer Situation am Zügel zieht, erzieht sein Pferd zum Kämpfen und Durchgehen – egal, ob er mit oder ohne Gebiß reitet. (Heike Knörzer, „Biss demnächst", Artikel in Cavallo 11/ 2002, S. 34)

Natürlich funktioniert diese Konditionierung auch umgekehrt. Wenn sich die Reiter darüber im Klaren sind, daß sie ihr Pferd mit einer gebisslosen Zäumung genauso selbstverständlich führen können, wenn sie akzeptieren daß das Pferd – mit oder ohne Gebiss – physisch gesehen immer der absolut stärkere Partner in dieser ungleichen

Beziehung ist und daß es nur darauf ankommt zu kommunizieren, können sie verstehen, daß es geistige Faktoren sind, die den Unterschied zwischen Sicherheit und Gefahr ausmachen.

Wie weit kann ich mich als Reiter auf die Kommunikation einlassen? Bin ich in der Lage das Pferd zu fühlen – nicht nur draufzusitzen und die Bewegungen möglichst geschickt mitzumachen, sondern es als Wesen zu fühlen und mit ihm eins zu werden? Bin ich in der Lage, mich emotionell einem stärkeren Partner hinzugeben und ihn gleichzeitig zu führen, ohne im Hinterkopf zu haben, daß ich ja „im Notfall" immer noch die Gewalt in der Hand habe, ihm schreckliche Schmerzen zu bereiten?

Auf die Frage, was am Reitsport so faszinierend ist, beschreiben viele Reiter das Glücksgefühl, das aus dieser Einheit, dieser klaren, einfachen, physisch-geistig-emotionellen Begegnung erwachsen kann. Viele erleben das recht selten. Und wenn es geschieht, ist es überwältigend. Dieses Glück zu kultivieren, zu wissen, woher es kommt, was seine Faktoren sind und es immer wieder zuzulassen – dazu muß man fühlen lernen, denn herstellen kann man es nicht – das ist die Kunst am Reiten.

Deshalb ist gebissloses Reiten nicht nur eine Maßnahme, die wir als Reiter nur für das Wohl des Pferdes ergreifen, sondern mindestens genauso auch für uns selber. Der erste und wichtigste Punkt, um eine echte Begegnung zwischen zwei Lebewesen geschehen zu lassen ist, die Waffen wegzulegen. Wer das eben gesagte für esoterischen Unsinn hält, wird diese Erfahrung der Einheit wahrscheinlich nicht kennen. Natürlich sind alle anderen Faktoren wichtig: von der pferdegerechten Haltung über die solide Ausbildung von Pferd und Reiter bis hin zur angemessenen Ausrüstung. Aber das alles sind die Formalien, es sind die Rahmenbedingungen, die stimmen müssen, damit dieses Andere – die Begegnung – stattfinden kann. Wer in der Begegnung mit seinem Pferd die Angst in den Vordergrund stellt, schafft ein Problem.

Natürlich ist die Frage der Sicherheit von zentraler Bedeutung. Ich muß mir sicher sein, daß ich, wenn ich reiten will, alles mir Mögliche getan habe, um das Höchstmaß an Sicherheit zu gewährleisten. Da ich als Reiter derjenige bin, der diese Situation herstellt, muß ich mich darum kümmern, daß mir *und dem Pferd* nichts Schlimmes passieren kann.

Der Punkt, an dem Begegnung stattfinden kann, ist gekommen, wenn wir vergessen, daß wir gebisslos reiten, wenn die äußeren Umstände selbstverständlich und unspektakulär geworden sind. Angst ist jedoch ein schlechter Berater in Fragen der Sicherheit. Besser ist ein klarer Verstand, viel Arbeit und ein solides Wissen. Und am besten ist Liebe – Liebe für das Pferd und mich selber.

Warum Frauen Pferde reiten und Männer Pferde züchten

Es ist auffällig, daß vorwiegend Frauen im Freizeitreitsport aktiv sind. Es sind auch vorwiegend Frauen, die sich dafür interessieren, Pferde sanfter zu reiten und artgerechter zu halten. Und auf Kursen für alternative Reitweisen sind – bis auf die Kursleiter – fast ausschließlich Frauen anzutreffen. In über eineinhalb Jahren haben wir die Erfahrung gemacht, daß sich fast ausschließlich (mehr als 90%) Frauen für das Bitless Bridle interessieren.

Der Unterschied in den Interessen von Männern und Frauen im Reitsport ist auffällig und auch ohne ideologische Brille feststellbar: Männer, die mit Reitsport und Pferden zu tun haben, sind als Züchter und Stallbesitzer aktiv, als Dressur- Military- und Springreiter, als Jockeys, Bereiter, Trainer und Reitlehrer. Frauen im Reitsprort sind in erster Linie Freizeitreiterinnen. Natürlich gibt es männliche Freizeitreiter und ebenso Züchterinnen und sehr erfolgreiche Turnierreiterinnen, aber allein der zahlenmäßige Unterschied in der Interessenausrichtung zwischen Männern und Frauen ist so auffällig, daß es sich lohnt, ein wenig darüber nachzudenken.

Wie wir bereits beschrieben haben, waren Pferde bis in die Mitte des 20. Jahrhunderts ein Wirtschaftsfaktor und das Verhältnis der Menschen zu Pferden war das zu Nutztieren, die ihre Funktion zu erfüllen haben.

Daß Frauen mit Pferden zu ihrem eigenen Vergnügen umgingen, war die absolute Ausnahme, einer kleinen gesellschaftlichen Oberschicht, also den Frauen des Adels und später den wohlhabenden Bürgerinnen vorbehalten. Die heutigen Freizeitreiterinnen treten in die Stapfen dieser Elite, denn die Reichen dieser Welt haben sich als gesamte Kulturen nach Europa und Nordamerika abgesetzt. In allen anderen Ländern ist „Freizeit"reiterei für die breite Masse eine absurde Idee und hat als Hobby der reichen Oberschicht dieselbe Funktion, die es hierzulande noch vor einhundert Jahren hatte. Es ist kaum vorstellbar, daß sich durchschnittliche Menschen in Rußland, China oder Indien ein Pferd leisten, wenn sie es nicht als Produktionsmittel besitzen.

Männer dagegen waren als Soldaten, Bauern, Postreiter oder Kutscher diejenigen, die beruflich mit Pferden umgingen. In diesen Berufen gab es – bis auf die Bauernschaft – kaum Frauen, die mit Pferden umgingen. Und erst im letzten Jahrhundert hat die Industrialisierung der Landwirtschaft, des Militärs und der Kommunikationstechnik das Pferd und damit die seit Jahrtausenden fast unverändert bestehenden Berufe rund ums Pferd überflüssig gemacht.

Pferde wurden somit als Produktionsfaktor schlicht überflüssig und zurück blieben die Funktionen „Sport" und „Freizeit", die in den Jahrhunderten zuvor als Randerscheinung in der Oberschicht existiert hatten.

Wie wir aus vielen gesellschaftlichen Bereichen wissen, die in den letzten Jahrzehnten ähnlich dramatische Änderungen erfuhren, haben sich die Menschen nicht so schnell ändern können wie die materiellen Lebensverhältnisse. Männer haben Pferde benutzt, um vom Ort A nach Ort B zu kommen und dafür benutzen sie heute das Auto.

Auch wenn der Marlboro-Mann noch heute in der Werbung einsam über die Prairie in den Sonnenuntergang reitet – der Durchschnittsmann dürfte heute schon auf einem Motorrad den Ritt durch eine Prairie oder eine Wüste als überdurchschnittliches Abenteuer empfinden. Aber die Identifizierung mit dem lonesome Rider reicht für die Werbung immerhin als Image aus. So nahe ist der Durchschnittsmann heute also noch in seinen Gefühlen einer Idee von Freiheit, die ihm das Pferd seit Jahrtausenden ermöglicht hat.

Das Pferd hat den Mann unabhängig gemacht. Es hat ihn zur Jagd gebracht, auf ihm hat er als Soldat die Welt erobert und seine Funktion als Reiter hat ihn eindeutig von den Frauen und ihrer Welt der Familie abgehoben. Für Männer war das Pferd ein Produktionsmittel, Garant seiner Mobilität und darüber hinaus ein Teil seiner selbst, das seine Freiheit, seine Würde, seinen gesellschaftlichen Stand repräsentierte. Männer definierten sich ähnlich über Pferde, wie sie sich seit dem 20. Jahrhundert über Autos definieren.

All diese Funktionen waren und sind den Frauen in allen Kulturen weitgehend verschlossen. Und so wie sich Frauen heutzutage weit weniger am Mythos der Autos orientieren als an ihrem Gebrauchswert, so sind Frauen seit etwa fünfzig Jahren den Pferden erstmals jenseits der traditionellen Rollen begegnet ohne damit einen Tabubruch – einen unerlaubten Übergriff auf männliche Privilegien – zu begehen. Das Pferd, das nur noch als Sportpferd genutzt wurde, konnte von den Frauen neu entdeckt werden, weil es für die Männer keinen Prestigewert mehr darstellte.

Und so entstand mit der Bewegung der Freizeitreiterei ein völlig neues Kapitel in der Geschichte der Beziehung zwischen Pferd und Mensch bzw. Frau. Was zwischen Frauen und Pferden seither stattfindet, ist immer wieder beschrieben worden, ob es damit besser verstanden werden kann, sei dahingestellt. Vielleicht helfen einige Überlegungen, dieses Phänomen besser zu begreifen. Neuere neurologische Studien (die auf unterhaltsame Weise im Buch „Warum Männer nicht zuhören und Frauen schlecht einparken" von Allan und Barbara Pease populärwissenschaftlich dargestellt werden) weisen darauf hin, daß Frauen bis zu 10 mal feiner als Männer taktil wahrnehmen können, also also für Hautberührungen erheblich sensibler sind. Frauen haben ein erheblich weiteres Gesichtsfeld als Männer, sie nehmen Bewegungen, Form und Farbe in einem Umkreis von fast 180° wahr. Und Frauen sind zu erheblich sensibleren Gefühlswahrnehmungen fähig als Männer. Sie sind seit Jahrtausenden darauf programmiert, Gefühle, Stimmungen, Befindlichkeiten in ihrer Umgebung zu erkennen.

All diese Fähigkeiten und einige mehr unterscheiden Männer und Frauen physiologisch und sozial. Unsere Welt ist jedoch in vielen Aspekten entweder an den historisch gewachsenen Privilegien der Männerwelt ausgerichtet oder es herrscht eine Gleichmacherei, die eventuell politisch korrekt aber kaum an den echten Bedürfnissen von Männern und Frauen orientiert ist.

Die Freizeitreiterei, die gleichzeitig mit der politsichen und juristischen Gleichstellung der Frau mit dem Mann entstanden ist, gibt Frauen die Möglichkeit, ihre Sensibilität, ihre speziellen Fähigkeiten in einem Bereich auszuleben, in dem sie der sozialen Kontrolle unserer Kultur entweichen können. Sie können einem Lebewesen auf einer elementaren, biologischen, wesenhaften Ebene begegnen, ohne sich dafür rechtfertigen zu müssen, ob ihre Gefühle und Emotionen angemessen, produktiv oder sozial gewünscht sind. Immer wieder berichten Frauen von dieser Ebene der Begegnung zwischen Pferd und Frau, die sich jenseits von Sprache und Gedanken auf der grundlegenden, wesenhaften, gefühlsmäßigen Ebene abspielt. Es ist Einverständnis, Verständigung, Einheit, Glück, Ekstase.

Viele Frauen, auch die, die für Turniere oder für andere Präsentationen trainieren, berichten, daß ihnen die Ergebnisse, die Ziele des Umgangs mit Pferden immer gleichgültiger werden, während der Kontakt selber, das gemeinsame Lernen, die gemeinsame Bewegung wichtiger werden. Auch hier trennt sich die weibliche Sicht auf das Reiten und auf Pferde ganz eindeutig von der männlichen. Denn Männer

reiten, um irgendwo anzukommen
oder um einen Pokal zu bekommen,
um den Wert des Pferdes zu erhöhen
und bessere Zuchtergebnisse zu erzie-
len, und natürlich, um ihre besonderen persönlichen Fähigkeiten zu demonstrieren. Nur wenige Männer berichten vom Glück, das sie bei der Einheit zwischen Pferd und Reiter erleben. Selbst, wenn sie es erfahren sollten – in der Welt der Männer gibt es
für eine solche Erfahrungsebene keine
Sprache, denn der Gefühlsgehalt einer
zweckgebundenen Handlung ist nor-
malerweise nicht Inhalt der männlichen Kommunikation. Es mag also
sein, daß auch Männer das erleben, was
für Frauen so faszinierend am Reiten
ist – nur sie wissen es nicht und/oder
reden nicht darüber.

Wenn Frauen um so viel sensibler be-
rühren und Berührungen wahrnehmen
können und wenn sie in der Lage sind,
viel schneller und sicherer auf Gefühls-
änderungen zu reagieren und wenn sie
ein erheblich weiteres Gesichtsfeld haben, sind sie den Pferden mit ihren Fähigkeiten wahrzunehmen und zu reagieren auf der biologischen Ebene nä-
her als Männer und können entsprechend sensibler agieren und reagieren.
Das erklärt, warum sich Frauen so entschieden mehr dafür interessieren,
Pferden gewaltfrei zu begegnen und
eine echte Kommunikation zwischen
Pferd und Mensch aufzubauen. Wie
wir bereits erläutert haben, beruhen alle

Reitweisen auf militärischen Traditionen, auf Handlungsweisen, die unver-
hohlen auf Gewalt und Unterwerfung
setzen. Pferde waren für Männer keine Kommunikationspartner, sondern
Mittel zum Zweck.

Insofern sind viele Methoden der traditionellen Reitweisen für eine sensible Kommunikation, wie Reiterinnen
sie suchen, weitgehend ungeeignet.

Es lohnt sich also, die Frage genauer
zu untersuchen, welche Funktion die
Gewalt im Umgang mit Pferden hat.

Gewaltfrei Reiten – eine Frage des Charakters ?

Viele Reiter sind überzeugt davon, daß sie mit ihrem Pferd sanft und weitgehend pferdegerecht umgehen. Bis auf wenige, die Pferde als „bewegliche Sportgeräte" ansehen – und sie entsprechend behandeln – sehen Reiter ihr Pferd als lebendiges Wesen, zu dem sie eine Beziehung aufbauen. Beide, Pferd und Reiter sollen sich den Umständen entsprechend wohlfühlen und beste Bedingungen haben: Themen wie beispielsweise die Unterbringung im Offenstall oder täglicher Weidegang in der Herde, ausgewogenes Futter, gut angepaßter Sattel, regelmäßige medizinische Betreuung, werden von ernsthaften Freizeitreitern sorgfältig überlegt, in Fachzeitschriften und Internetforen diskutiert und untereinander besprochen.

Oft steht der tägliche Reitalltag jedoch in krassem Gegensatz zum erklärten Willen, sanft mit Pferden umgehen zu wollen. Da wird geriegelt, gebrüllt, mit Sporen und Gerte auf das Pferd eingedroschen – und dennoch sind Reiter davon überzeugt, daß sie mit ihrem Pferd gut umgehen. Oft beobachten wir den täglichen Kleinkrieg mit vermeintlich ungehorsamen Pferden. Viele Pferde zeigen deutlich, daß sie mit der Behandlung nicht einverstanden sind, sie rennen schon auf der Weide ihren Besitzern davon und lassen sich manchmal nur mit einem Futtertopf locken und einfangen.

Woher kommt dieser Widerspruch? Was läuft grundsätzlich falsch, wenn Anspruch und Wirklichkeit so weit auseinanderklaffen?

Natürlich gibt es keine einfache erlösende Antwort, es sind immer wieder neue Probleme, die gelöst werden müssen. Grundsätzlich stehen Reiter mit der Lösung ihrer Probleme alleine da. Sie können sich beraten lassen, von Reitlehrern, Tierärzten, Hufschmieden und Reitstallkollegen, aber letzlich müssen sie die Dinge selber in die Hand nehmen. Niemand nimmt es ihnen ab, sich aufs Pferd zu setzen und sich der Aufgabe zu stellen, die Beziehung zum Pferd zu verbessern.

Es mag banal klingen: Die allermeisten Probleme werden von Reitern selber erschaffen, und die Lösung liegt fast immer darin, daß sie ihr eigenes Verhalten kritisch erkennen und ändern müssen. Meist ist dies ein schmerzhafter Prozeß der Selbsterkenntnis und genauso wie Menschen in ihrem täglichen Leben mit Problemen umgehen, die in ihrem eigenen Charakter begründet sind, gehen sie auch mit ihren Reitproblemen um. Was hier nur verschärfend hinzukommt: Fehlentwicklungen werden beim Reiten gnadenlos aufgedeckt und äußern sich in ganz offensichtlichen Reaktionen der Pferde.

Es scheint so zu sein, daß Frauen in unserer Kultur in viel höherem Maß bereit sind, sich freiwillig einem solchen Prozeß zu stellen als Männer. Es sind fast ausschließlich Frauen, die sich als Freizeitreiterinnen begreifen und nicht aus dem männlich geprägten Leistungsgedanken mit der Reiterei beschäftigen – also trainieren, um Leistungsprüfungen abzulegen und Turniere zu gewinnen – sondern sich um der Erfahrung selber Willen mit Pferden umgeben.

Die Frage, wie wir mit Gewalt umgehen, ist hier von zentraler Bedeutung. Bei allen Reitproblemen stellt sie sich die Frage Tag für Tag von neuem: wie weit müssen wir ein Pferd zwingen, eine Übung durchzuführen, die es verweigert? Wie weit können wir unser Programm durchziehen, das wir uns für heute vorgenommen haben? Ist die Widersetzlichkeit des Pferdes eine Al-

lüre, die wir mit Druck und Gegenmaßnahmen beantworten müssen? Wer kennt nicht die Reaktion: „Das Pferd will mich nur veräppeln", wenn wieder einmal etwas schiefgeht? Hier fängt die Gewalt an. Anstatt sich in die Ursache des Problems einzufühlen, sich zu informieren, zu lesen, was verschiedene Fachleute dazu geschrieben haben, wird auch geistig geriegelt.

Wie leicht ist es doch sich vorzumachen, daß Gewalt das ist, was andere mit ihren Pferden falsch machen, auf den Leistungs-Reitsport zu schimpfen, sich lautstark über Rodeos, Military-Veranstaltungen oder gedopte Rennpferde aufzuregen, während man beispielsweise selber überlegt, ob es vielleicht besser ist, die Wassertrense mit einer Kandare zu ersetzen, weil sich das eigene Pferd allen Versuchen widersetzt, in der Aufrichtung zu gehen, die man selber für angemessen hält.

Alle Gewaltexzesse, auch wenn sie Außenstehenden noch so sinnlos brutal erscheinen mögen, werden von denjenigen, die sie ausüben, für selbstverständlich und vollkommen notwendig gehalten. Es sind immer die Umstände, die Menschen dazu bringen, Pferde zu quälen und ganz selten die Freude, anderen Lebewesen wehzutun.

Ob ein Pferd mehr daran leidet, wenn es drei- viermal im Jahr einige Minuten lang als Rodeo-Sensation mit unerträglichen Schmerzen einer johlenden Menge ausgesetzt ist und ansonsten ein völlig unbehelligtes Leben in der Herde hat oder wenn es Tag für Tag denselben Schmerzen ausgeliefert ist, ohne Gymnastizierung einen Reiter zu ertragen, der ihm bei jedem Schritt in den schon schmerzenden Rücken knallt – wer kann sagen, welches Schicksal sich ein Pferd selber aussuchen würde? Jede Form von Gewalt steht für sich alleine. Die Pferde können sicher nicht differenzieren und sagen: „Mir geht es den Umständen entsprechend noch gut:" Sie müssen mit der Situation zurechtkommen, in die wir sie hineinbringen und wir sind ganz allein dafür verantwortlich, was mit dem Pferd geschieht.

Verhaltensänderungen sind wie gesagt immer ein Prozeß, der mit Selbstkritik und oft schmerzlicher Erkenntnis einhergeht. Wir sind nicht so naiv zu glauben, daß allgemeine Appelle wie diese hier sofort aufgegriffen und freudig umgesetzt werden. Es ist kaum anzunehmen, daß nun ein Aufschrei durch die Reiterszene schallt und alle Reiter sofort die Gebisse wegwerfen und auf gebisslose Reiterei umsatteln. Was wir erreichen wollen und können, ist jedoch, daß das Thema der täglichen Gewalt gegenüber Pferden bewußter wird und in die täglichen Überlegungen, wie mit Reitproblemen umgegangen werden könnte, mutiger und konsequenter einbezogen wird.

Es gibt sehr viele Reiter, die absolut unglücklich sind, weil sie die Freiheit und Leichtigkeit, die sie von Zeit zu Zeit in der Begegnung mit Pferden erlebt haben, immer wieder von diesen alltäglichen Reitproblemen verdrängt werden und sie selber erleben, daß sie gegen ihr Pferd und nicht mit ihrem Pferd reiten. All diesen Reitern, die ernsthaft bereit sind, etwas Grundlegendes in der Beziehung zu ihrem Pferd zu verändern, die bereit sind, die vielen scheinbar ehernen Gesetze der Reiterei auf ihren Sinn und ihre Logik zu untersuchen, die immer wieder bereit sind, neue Wege zu gehen und selber zu ergründen, was ihrem Pferd und ihnen selber guttut, anstatt ausschließlich auf den Rat der vielen vermeintlichen Autoritäten zu vertrauen – all diesen wollen wir Mut machen, die Gewalt in Form scharfer Zäumungen aus der Hand zu legen und konsequente, sachlich gut begründete Maßnahmen zu ergreifen, auf friedliche und dennoch sichere Weise mit ihrem Pferd umzugehen.

Daß es funktioniert, daß es oft mit dramatisch positiven Resultaten funktioniert, haben wir und viele andere erlebt. Und meist ist das gewaltfreie gebisslose Reiten viel einfacher und harmonischer zu erreichen, als es im Vorfeld ängstlicher Überlegungen zu sein schien.

Natürlich gibt es auch hierbei Probleme, die sich nicht über Nacht lösen lassen. Wenn Pferde jahrelang – oft ihr ganzes Pferdeleben lang – erlebt haben, daß Reiten bedeutet, Schmerzen im Maul und im Rücken ertragen zu müssen, können wir nicht erwarten, daß sie uns sofort und ohne Gegenwehr vertrauen, wenn wir sie plötzlich anders behandeln. Wir müssen auch den Pferden Zeit geben, uns unsere Fehler zu vergeben, und das dauert manchmal Monate.

Aber es erstaunt uns immer wieder, wie einfach Pferde verzeihen können, wie sehr sie nach hunderten von negativen Erfahrungen immer wieder bereit sind, einen neuen Anfang mit uns zu wagen. In dieser Beziehung sind Pferde uns Menschen haushoch überlegen. Nachdem wir ihre Gutmütigkeit und Nachgiebigkeit so oft dazu mißbraucht haben, sie mit Schmerzen zu erpressen, sie zu Handlungen zu zwingen, zu denen sie ohne Druck niemals bereit gewesen wären, können wir nun auch versuchen, ihre Sanftmut zu nutzen, um ihnen in derselben friedlichen Weise zu begegnen.

Wir möchten Reiter dazu ermuntern, ihr Verhalten zu überprüfen, ohne daß sie die nötige Vorsicht außer acht lassen. Natürlich gibt es die Gefahr, daß diese Umstellung auch nach hinten losgehen kann, natürlich gibt es Pferde, die so sehr unterdrückt und verzogen worden sind, daß eine solche Maßnahme eine unkalkulierbare Gefahr sein kann. Wir fordern nicht, daß nun alle Pferde, egal wie problematisch sie sein mögen, auf gewaltfreies gebissloses

Reiten umgestellt werden. Aber die Masse der Pferde ist noch nicht in der Situation, auf Freiheit mit Aggression antworten zu müssen. Die meisten Pferde sind kooperativ geblieben oder haben sich, wenn sie mit der alltäglichen Gewalt nicht fertig geworden sind, nach innen abgekapselt.

Beginnen wir also, die Pferde, die noch nicht gefährlich sind, mit aufmerksamer Wachsamkeit umzustellen. Machen wir unsere eigenen Erfahrungen damit und gehen wir Schritt für Schritt weiter.

Die wirkliche Änderung in der Umstellung auf das Bitless Bridle liegt nicht darin, daß Reiter nun ein anderes Ausrüstungsteil anwenden. Sie liegt darin, daß sie auch innerlich bereit sind, Gewalt in ihrem eigenen Verhalten zu erkennen, zu akzeptieren und in vernünftiger Weise abzustellen. Das gilt nicht nur für den Umgang mit Pferden, das umfaßt mit Sicherheit auch alle anderen Aspekte des täglichen Lebens. Im sozialen Alltag mit anderen erwachsenen Menschen treffen eigenverantwortliche Wesen aufeinander, d.h. jeder ist für seine eigene Realität verantwortlich. Andererseits haben wir es bei Pferden mit absolut von uns abhängigen Lebewesen zu tun, d.h. die Gewalt, die wir hier anwenden, können wir guten Herzens nicht als bedauerliches Ergebnis ungünstiger Umstände rechtfertigen. Wie wir diese völlig von uns abhängigen Lebewesen behandeln, zeigt unmißverständlich, wie wir mit der Frage „Gewalt als Mittel zur Durchsetzung unserer Bedürfnisse" umgehen. Daher ist es eine Frage des Charakters und nur unseres eigenen Charakters, wie wir reiten und wie wir unser Pferd behandeln. Das Argument, daß unser Pferd nun einmal die-und-die negative Eigenschaft hat, die eine entsprechend „harte Hand" erfordert, darf nicht daran vorbeitäuschen, daß wir uns dieses Pferd angeschafft haben und daß wir es behalten. Das Pferd kann nicht dafür verantwortlich gemacht werden, daß es in unserem Stall steht, denn es würde sicher etwas anderes tun, wenn es die Wahl hätte.

Wir sehen immer wieder, daß Reiter ähnliche Probleme haben, egal, welche Eigenschaften die unterschiedlichen Pferde haben, die sie im Laufe ihres Reiterdaseins geritten sind. Es scheint so, als bekämen wir immer die Pferde, die wir verdient haben und durch die wir lernen können.

Das Bitless Bridle: die gewaltfreie Alternative

Gebisslos reiten?!
Erfahrungen mit dem Bitless Bridle
in den ersten 20 Monaten

Seit über fünf Jahren bemühe ich mich intensiv darum, pferdegerecht reiten zu lernen. Damit meine ich eine Reitweise, die meinem Pferd und mir Freude am Reiten bereitet. Ich habe mit der altklassischen Reitweise angefangen, mußte „umsatteln" auf die englische Reitweise mangels Ausbilder und landete immer wieder beim Westernreiten.

Dabei haben mein Pferd und ich viele leidvolle Erfahrungen und Enttäuschungen durchmachen müssen. Bonny ist eine neunjährige Arabermixstute, sie hat ein ausgesprochen freundliches Wesen, ist sehr menschenbezogen und trotz der vielen Experimente mit Reitlehrern, Ausbildern, Sätteln, Ställen und vielem mehr ist sie auffallend kooperativ geblieben.

Ihr freundliches und kooperatives Wesen stand jedoch in starkem Kontrast zu den Verspannungen, die sie entwickelte, sobald ich versuchte, sie in Anlehnung an das Gebiss zu reiten. Sie hat sich – immer schon – gegen das Gebiss gewehrt und ich habe einige Versionen ausprobiert. Im Laufe der Zeit habe ich meinen Sitz und die Handhaltung verbessern können. Immer wieder nahm sie jedoch ihren Kopf hoch und lief mit durchgedrücktem Rücken vor etwas davon. Ohne Anlehnung – wie beim Westernreiten – ging auch nichts. Zum Spazierenreiten reichte auch ein einfaches Halfter, doch dabei fehlte natürlich die gymnastizierende Einwirkung der Zäumung.

Ich habe sie mit diesem Problem zu verschiedenen Ausbildern gebracht – und dadurch habe ich Bonny mit den unterschiedlichsten Reitstilen konfrontiert. Alle Maßnahmen schienen meist einen kleinen kurzfristigen Erfolg zu zeigen, doch letztlich war alles vergeblich. Bonny galt einfach als „schneller Feger", ein Speed-Pferd, das einen guten, professionellen Reiter braucht.

Dieses „Wegrennen"-Problem hatte in den letzten Jahren unsere Ausbildung dominiert und überschattet. Ich war hilflos, wußte nicht weiter und es schien niemanden zu geben, der uns mit unserem Problem wirklich helfen konnte. Oft dachte ich daran, sie an jemanden zu verkaufen, der besser reitet.

Der Artikel „Maul halten" von Ulrike Dobberthien in der CAVALLO 3/2001 zeigte mir mit überzeugenden Argumenten, daß jedes Gebiß für Pferde eine Zumutung und sogar eine Gefährdung darstellt. Der Artikel bezieht sich auf die Forschungen des amerikanischen Forschers Professor Robert Cook, der die anatomischen Wechselwirkungen zwischen Pferdemaul und Gebiß seit Jahrzehnten erforscht.
Es gibt demnach viele Argumente zu behaupten, daß ein Gebiß niemals „harmlos" ist. Es gibt, einfach gesagt, keinen Raum im Pferdemaul für ein Gebiß. Es ist und bleibt ein Fremdkörper, der neben der mechanischen Einwirkungsmöglichkeit (also das Pferd über Schmerz oder die Androhung von Schmerz zu dirigieren) auch diverse physiologische Wirkungen hat. So wird ein ständiger Freßreiz ausgelöst, d.h. die Verdauungsorgane werden angeregt, was durch den Schaum angezeigt wird. Auch die Atmung des Pferdes wird empfindlich beeinträchtigt. Letztlich ist es die Gutmütigkeit der Pferde, die sie trotz schmerzverursachender Gebisse bis in ihren eigenen Untergang mit den Reitern kooperieren läßt. Frau Dobberthien schreibt:

„Demnach führen Gebisse zu störenden Reaktionen des Verdauungssystems während der Belastung, zu atembeengender Genickwinkelung und kontraproduktiven Bewegungen von Zunge, Gaumensegel und Kehlkopf. Sie verursachen Luftröhrendeformationen und Kehlkopfpfeifen, stören die Koppelung von Atmung und Bewegung und somit Balance und natürliche Anmut des Pferdes. Gebisse führen zu vorzeitiger Ermüdung, entzündlichen Atemwegserkrankungen, und sie können bei Rennpferden Lungenbluten auslösen. Sogar Headshaking kann durch das Gebiss verursacht werden."

Wir fanden dann im Internet die Informationen der Website von Robert Cook und erhielten dort viele weitere Informationen zum Thema. Weiterhin erfuhren wir, daß er eine gebißlose Zäumung anbietet, die sanfter funktioniert als Bosal, Sidepull und Hackamore und mit der trotzdem alle notwendigen Einwirkungen möglich sein sollten. Wir bauten uns eine alte Zäumung mit Ringen und einem Seil um. Es sah nicht sehr professionell aus, aber es funktionierte.

Bonny gefiel es auf anhieb, ohne Gebiß geritten zu werden. Ihr Maul war früher beim Reiten oft schmal und verspannt gewesen. Dieser geradezu verkniffene Gesichtsausdruck wechselte nun in eine sichtbar entspannte Maulhaltung.
Ihr Kopf senkte sich auf ein leichtes Zupfen am Zügel. Sie konnte alle Si-

---

gnale, die sie schon von der Gebiß-
zäumung kannte, sofort umsetzen. Ich
konnte deutlich wahrnehmen, wie sich
ihr ganzer Körper entspannte. Eine
Last war merklich von ihr abgefallen –
aus dem Maul genommen.

Nachdem dieses Pferd jahrelang zu
schnell gewesen war und ich alle möglichen Tricks und Kniffe ausprobiert
hatte, Bonny langsamer zu bekommen
... mußte ich sie nun sogar treiben.

Zu meiner Überraschung konnte ich,
z.B. wenn meine Reitlehrerin Bonny
ritt, bei Bonny – und später auch bei
anderen Pferden, die mit Bitless Bridle
geritten wurden – ein weitgefächertes
Mienenspiel des Mauls beobachten.
Ohne Gebiß können Pferde vieles mit
dem Maul ausdrücken: entspanntes
Kauen und Lecken, sie lassen die Unterlippe entspannt herabhängen oder
sie pressen die Lippen aufeinander,
wenn ihnen etwas nicht gefällt. Auch
wenn Pferde keine Schmerzlaute von
sich geben können (was vom Menschen oft leider mißverstanden wird)
– mit dem Maul können sie Entspannung und Schmerzen sehr deutlich ausdrücken.

Nachdem ich einige Wochen meine
Ausbildung mit der gebißlosen Zäumung fortgesetzt hatte, existierten die
Schwierigkeiten, unter denen Bonny
und ich seit Jahren gelitten hatten,
nicht mehr.

Es gibt, wie ich meine, eine ganze Reihe von Gründen, die für eine gebißlose Zäumung sprechen:

– Es entsteht mehr Harmonie und
Klarheit zwischen Pferd und Reiter,
weil der Störenfried - die latente
Drohung, dem Pferd Schmerzen zufügen zu können - einfach nicht
mehr existiert. Diese Drohung - die
letzlich für jedes noch so sanfte Gebiß gilt - dürfte auch auf den Reiter
eine entsprechende Wirkung haben.
Es behindert eine lebendige Begegnung, wenn einer der Partner die Gewalt in Form des Zügels buchstäb-
lich in der Hand hat.

– Reitanfänger haben meist unruhige
Hände. Deshalb üben sie oft auf ab-
gestumpften Pferden, die sich mit
den Anfängern abgefunden haben.
Um im Maul abgestumpft zu werden, müssen diese Pferde viel Leid
erlebt haben. Mit der gebißlosen
Zäumung sollten daher gerade auch
Reitanfänger umgehen, denn sie
können den Pferden nicht mehr
„versehentlich“ wehtun.

– Das Reiten mit leichter Anlehnung
zum Gebiß ist eine schwierige
Übung. Da mit der gebißlosen Zäumung derselbe Konkakt auch mit
dem Nasenriemen gegeben werden
kann, ist es mit dem Bitless Bridle
viel einfacher und für das Pferd un-
gefährlicher in leichter Anlehnung
zu reiten.

Ob die gebißlose Zäumung für jedes
Pferd geeignet ist, kann ich pauschal

nicht beantworten. Es fällt mir jedoch auf, daß z.B. in meinem Stall mit ca. 50 Reitern, es sich nur sehr wenige zutrauen, gebisslos zu reiten. Häufig gibt es Bemerkungen wie: „Bonny läuft aber entspannt" oder „Sie sieht so zufrieden aus." Es scheint für manchen so auszusehen als wäre Bonny ein besonderes Pferd, das man problemlos gebisslos reiten kann und nur wenige stellen fest, daß es auch mit der pferdegerechten Reitweise und der Zäumung zu tun haben könnte. Nur wenige reagieren auf ihr Staunen, indem sie sagen: „Mensch, das will ich auch ausprobieren", obwohl ihnen die eindeutige Wirkung auffällt. Eine gewisse Angst und Trägheit im Denken scheint also das Haupthindernis zu sein.

Die gebißlose Zäumung ist eine Alternative, die sorgfältig erprobt werden sollte. Es ist kein Wundermittel, sondern eine Erleichterung. Sie ist ein Teil der Ausstattung, die unter bestimmten Bedingungen eine erhebliche Erleichterung im humanen Umgang mit dem Pferd bietet. Aber es gibt keine Ausrüstung, die eine solide Reitausbildung ersetzen könnte.

Etwa ein Jahr später wurde dieser Bericht um den folgenden Teil erweitert:

Ich habe Bonny dann etwas später in einem Westernstall untergebracht, um wieder einmal Unterricht zu nehmen und wegen des Gruppendrucks dort bin ich wieder „rückfällig" geworden und habe Bonny wieder mit Gebiss geritten.

Es waren keine guten Erfahrungen. Sie kämpfte wieder und ich war frustriert. Es gab bei uns beiden keine Entspannung mehr. Seitdem ich sie hatte, drehte sie mir in der Box das erste Mal ihr Hinterteil zu, als ich sie herrausholen wollte. Das gab mir sehr zu denken.

Durch das Reiten und die Haltungsbedingungen in diesem ansonsten sehr modernen Stall hatte sie eindeutig mehr Stress. Sie war dort meist in der Box, hatte sechs bis acht Stunden Auslauf und hatte auch mit Situationen in der Halle Probleme, denn sie war schreckhaft, sprang öfter zur Seite und war sehr unkonzentriert.

Auch für mich gab es dort Probleme. Ich habe mich klein und lächerlich empfunden. Ich fühlte mich nicht akzeptiert, weil ich eine andere Sichtweise von Ausbildung habe.

Ich wollte z.B., daß Bonny bei der Roundpenarbeit unverschnürt läuft. Ich wollte, daß sie von sich aus in die Dehnungshaltung kommt und nicht, weil sie ausgebunden ist. Ich bekam verständnislose Blicke und ich war diejenige, die „alles falsch machte". Aber ich hatte Erfolg. Nicht lange und mein Pferd joggte in Dehnungshaltung – unausgebunden.

Erfolge wie dieser machten unsere Situation dort nicht einfacher und es wurde mir klar, daß mein Pferd und ich nicht bleiben konnten. Ich wollte mich auf keinen Fall mehr von „Autoritäten" gezwungen fühlen, mit meinem Pferd anders umzugehen, als es mir mein Bauch sagt.

Hempfling hat oft betont, daß es gut sei, einen „roten Faden" zu haben. Aber, wenn man mit seinem Pferd etwas bestimmtes erreichen möchte, sollte man zunächst fühlen, was man wirklich machen kann, wozu das Pferd fähig und bereit ist.

Bonny ist dann in eine Offenstallanlage umgezogen: keine Halle, kleiner Reitplatz und improvisierter Roundpen, schönes Ausreitgelände, große Wiesen und reichlich Sozialkontakt.

Die anderen Reiter auf dem Hof haben eine ähnliche Einstellung und Beziehung zu ihren Pferden. Wir alle schätzen dort das Gefühl von Frieden, und ich glaube, den Pferden geht es auch so, denn kein einziges macht einen gestessten Eindruck.

Ich habe Bonny dort von Anfang an gebisslos geritten und gebisslos longiert und es ging alles sehr gut. Die Ausritte wurden immer entspannter und Bonny wurde wieder merklich freundlicher und entspannter.

Was ich jetzt reite, kann ich nicht mehr als einen bestimmten Reitstil bezeichnen. Es sind bestimmte Akzente, die ich für mich akzeptiert habe. Man kann das Reiten mit Gewichtshilfen nicht einseitig dem Westernreiten zuordnen und das Reiten in Anlehnung „gehört"

nicht dem Englischreiten. Ich würde meine Reitweise als „Signalreitweise" bezeichnen, schon deshalb, weil ich nicht in permanenter Anlehnung reite. Ich lasse mein Pferd sich abstrecken, wenn es möchte, es sei denn daß es sich dadurch einer bestimmten Lekton entziehen möchte. D.h. welches Verhalten angemessen ist, wird in der Situation klar. Ich reite mit erheblich kürzen Intervallen zwischen Arbeit und Pausen als sonst üblich ist. Ich reite nicht nach „Schma F", sondern versuchew, mein Pferd zu fühlen. Wenn man es zuläßt, ist man oft überrascht, wie viele und eindeutige Informationen vom Pferd kommen.

Auffällig ist, daß sie in den letzten Monaten viel stressfreier, viel entspannter geworden ist. Sie wurde von einem Pferde-Physiotherapeuten untersucht, und der hat überhaupt keine Verspannungen an ihr festgestellt. Auf einem Reitkurs für Akademische Reitweise war Bonny das entspannteste Pferd von allen. Ihr Rücken schwang, sie reagierte auf feinste Signale und gab mir das, was ich von ihr wollte. Die Trainerin bezeichnete Bonny als „perfekt ausgebildetes Pferd".

Bevor es soweit war, hatte es eine Situation gegeben, die erwähnenswert ist. Nach vielen Ausritten hatte ich den Anspruch, ich müßte jetzt auf einem Stoppelfeld mit ihr Seitengänge gehen. Für Bonny war das eine aufregende Situation, denn auf diesem Stoppelfeld

sind wir früher auch öfter galoppiert. Für sie war es überhaupt nicht die Situation, jetzt auf einem Ausritt Seitengänge zu üben und sie hat sich mir entzogen. „Nun gut", dachte ich, „dann geht das also nur mit Gebiss." Ich habe dann wieder eine doppelt gebrochene Wassertrense benutzt und ich hoffe, das war mein letzter Versuch mit Gebiss. Es war ein schreckliches Erlebnis für sie und für mich. Sie hat wieder diese typischen röchelnden Geräusche gemacht, sie hat sich wieder im Hals verworfen und war völlig verspannt. Danach wollte Bonny nicht mehr mit mir alleine ausreiten. Es war ein eindeutiger Rückfall meinerseits und mir hat es deutlich gezeigt, daß es nicht möglich ist, von meinem Pferd etwas mit Druck und sogenannter „sanfter Gewalt" zu bekommen. Ich habe nicht geglaubt, daß ich es mit Bitless Bridle hinbekomme. Ich hatte „vergessen", worauf es ankommt: daß das Pferd entpannt ist, daß es gut untertritt, daß es durchlässig ist und sich gut tragen kann. Es ging mir nur noch um die Form der Übung und um das Ergebnis und nicxht mehrm wie es dem Pferd dabei geht. Mit der Gewalt im Maul war das alles ein einziger Krampf und das Ergebnis war schlecht.

Das war für mich die Entscheidung, es tatsächlich nie mehr mit Gebiss zu versuchen. Was ich nicht mit Bitless Bridle reiten kann, das werde ich nicht reiten.

Als Bonny dann festgestellt hat, daß ich ihr das Gebiss nicht mehr anlege, ist alles schnell wieder da gewesen. Auf dem Kurs für akademische Reitweise hat sie wirklich alles gegeben, was ich von ihr wollte, z.B. Schulterherein, Schulterherein auf dem Zirkel, Kruppeherein , alles gebisslos. Das geht nur, wenn ein Pferd gut gymnastiziert und sehr entspannt ist. Alles, was vorher verkrampft war und nicht richtig funktionierte, ging plötzlich, mit allerfeinsten Hilfen.

Und das war wirklich etwas Besonderes. Es waren sieben Teilnehmer mit ihren Pferden. Bei den meisten wurde fast ausschließlich Bodenarbeit gemacht um Grundlegendes zu schulen. Zwei konnten nicht einmal ganz normal auf dem Zirkel gehen. Die anderen haben mit Kappzaum oder mit Kappzaum und Gebiss gearbeitet.

Für mich ist die wichtigste Sache: es geht nicht mit Gewalt. Bekannte Reitlehrer schreiben: wenn das Pferd schon am Kopf verspannt ist, wenn es schon im Maul Schmerzen hat, kann der Körper auch nicht entspannt sein.

Ich denke immer wieder, es könnte dazu kommen, daß es irgendwann höhere Lektionen gibt, die ich mit leichter Hand mit Gebiss reiten würde. Aber ich sehe jetzt überkeine Notwendigkeit dafür und soweit bin ich auch noch nicht. Im Kopf spielt sich auch bei mir immer noch der Gedanke ab, man könnte mit Gebiss mehr erreichen. Es war für mich schwer, mich von der Vorstellung zu trennen, es wäre leichter, das Pferd mit Gebiss zu reiten. Man bekommt es ja auch von allen Seiten so gesagt. Indem man gebisslos reitet, macht man sich zum Außenseiter und ich frage mich: „Können sich so viele Leute irren?" und ich muß eindeutig sagen: „Ja!". Es ist so verbreitet mit Gebiss zu reiten, daß die meisten überhaupt nicht darüber nachdenken, die gängigsten Ausrüstungsteile in Frage zu stellen.

Und es sind ja viele dabei, die man sehr schätzt, z.B. Trainer, an denen man sich orientiert und die ein hohes Niveau vorgeben. Und von ihnen kommt die Botschaft, daß man, um bestimmte Lektionen zu reiten, ein Gebiss oder eine Kandare benutzen muß.

Ich weiß nicht, ob dieses Buch die angemessene Ebene ist, diese Trainer zu kritisieren, aber Tatsache ist, daß gerade diejenigen, die mit Büchern und Videos eine anspruchsvolle Freizeitreiterei lehren wollen, völlig unkritisch die Gebissreiterei favorisieren, ohne eine wirkliche Alternative anzubieten, die ja nun tatsächlich existiert. Ich nehme all diesen Trainern ab, daß es ihnen ganz ernsthaft um das Wohl der Pferde geht, und daß sie Reiter ausbilden wollen, so gut mit ihren Pferden umzugehen, wie es nur irgend möglich ist. Aber all den Trainern, die Bücher und Videos für das Selbststudium von Freizeitreitern herausgeben, müßte

klar sein, daß diese Reiter meist gar nicht sanft mit den Zügeln umgehen können und daß die üblichen Appelle hier überhaupt nichts nutzen. Ich habe das an mir selber jahrelang erleben können. Der Wille war unbedingt da und ich war auch bestimmt nicht schlecht. Ich galt bei allen meinen Reitlehrern als eine schnell lernende Schülerin. Aber eine wirklich leichte Handhaltung habe ich damals nicht entwickelt und die anderen Reitanfänger, die ich kenne, auch nicht.

Während meiner „Gebiss-Laufbahn" habe ich aufgrund der Lektüre von Claus Pentquitts Freizeitreiterakademie das Billy-Allen-Gebiss gekauft und auch benutzt, denn er weist eindeutig an, daß man, wenn man bestimmte Lektionen mit dem Snafflebit beherrscht, auf das Billy-Allen-Gebiss umsteigen soll, um das Pferd in die Senkrechte zu bekommen. Bonnys Kopf war mit dem Gebiß auch in der Senkrechten, aber sie war verspannt und drückte den Rücken weg. „Kopf in der Senkrechten" bedeutet nicht automatisch „aufgewölbter Rücken". Man sollte sich immer wieder vergegenwärtigen, daß es nötig ist, nicht nur die Reitweise, sondern alle Aspekte der Pferdehaltung gewaltfrei zu gestalten. Um einschätzen zu können, ob und wie gut das Bitless Bridle funktioniert, sollte daher man alle Bedingungen der Lebensumstände eines Pferdes mit einbeziehen. Man kann nicht ein Pferd aus einer Box holen, nachdem es dort stundenlang (manchmal tagelang) gestanden hat und erwarten, daß es zufrieden und entspannt geht.

Bonny bekommt die Offenstallhaltung gut und ihr tut es gut, daß wir oft und lange ausreiten. Und das trifft sich damit, daß wir besonders von denjenigen Nutzern des Bitless Bridle positive Resonanz bekommen, die es vor allem im Gelände benutzen. Ich vermisse die Reithalle nur selten, denn im Gelände kann man auch vieles reiten und üben. Und ich habe den deutlichen Eindruck, daß Bonny – wie viele andere Pferde auch – die „Arbeit in der Halle" fürchterlich findet und sich in der Halle viel schneller zu entziehen versucht oder für sich selbst beschließt, daß die Reitstunde nun beendet ist.

Dennoch: auf dem Reitkurs war es für sie überhaput kein Problem, auch in der Halle mitzuarbeiten und voll bei der Sache zu sein.

Und noch etwas zum Thema „Sicherheit im Gelände". Das Reiten mit Bitless Bridle hat unsere Vertrauensbasis sichtbar gestärkt. Vieles, was früher eher schwierig war, ist jetzt kein Problem mehr, z.B. zurückbleiben hinter der Gruppe, hinter einem anderen Pferd zu traben oder zu galoppieren und nach einem Galoprennen wieder anzuhalten. Das Anhalten nach einer schnellen Galoppstrecke ist wohl die Nagelprobe für das Bitless Bridle. Es gab überhaupt kein Problem, auch

wenn sie mir nach der ersten oder zweiten Parade gezeigt hat, daß sie keine Lust hat, wieder anzuhalten. Nach einem schnellen Gallopp brauchen wir noch einen gewissen „Bremsweg". Und hier hat das Bitless Bridle auch für den Reiter einen großen Vorteil, denn man kann auch mal stärker ziehen, ohne, daß man Angst haben müßte, daß man dem Pferd wehtut.

Das alles bedeutet nicht, daß Bonny das völlig problemlose Pferd ist. Es gab und gibt immer Punkte, an denen ich mit ihr weiterarbeiten muß. Sie ist für mein Gefühl sehr schwierig im Trab zu sitzen und deshalb habe ich sie lange vorwiegend im Entlastungssitz geritten, damit sie den Rücken aufwölben und untertreten kann. Früher hat sie den Kopf oft hochgerissen und den Rücken durchgedrückt, daher ist der gewaltfrei abgesenkte Kopf jetzt eine wichtige Etappe der guten Gymnastizierung. Sie hält den Kopf in der Senkrechten oder einer entsprechenden angemessenen Position und den Hals in einer guten Aufwölbung. Sie reitet so in Anlehnung, kann die Position aber auch ohne Anlehnung halten, was viele Trainer als Zeichen einer guten Durchlässigkeit bezeichnen, d.h. sie „steht an den Hilfen". Nur beim Durchparieren nimmt sie automatisch – sicher wegen schlechter Einnerungen an den Schmerz – dem Kopf leider noch hoch. Aber wir arbeiten daran. Ich kann festellen, daß es ihr vor allem

bei den Ausritten sehr gefällt, eine gewisse Freiheit zu haben und ich habe nie festgestellt, daß sie diese ausgenutzt hätte. Ein Pferd ist von sich aus nicht bösartig oder verschlagen oder gar berechnend. Das sind Eigenschaften, die Menschen auf sie projizieren. Meine Tochter hat sein einem Jahr eine Reitbeteiligung auf einem Isländerwallach. Ich bin ihn auch gebisslos geritten, aber er reagiert nicht so gut darauf wie Bonny. Er entscheidet oft, Signale zu ignorieren und ich kann es ihm noch nicht einmal übelnehmen, denn er hat wenig Veranlassung, den Signalen seiner Reiter zu vertrauen. Er war Schulpferd und hatte schon zu viele Reiter. Es wird viel Zeit – und einen einzigen guten Reiter – brauchen, sein Vertrauen wiederzugewinnen. Und trotzdem: er war nie bösartig.

Er hat zweifellos wie Bonny auch traumatische Erlebnisse mit Gebissen gehabt. Auch reißt mit der gebisslosen Zäumung beim Durchparieren immer noch den Kopf hoch; es ist wohl wie bei Bonny eine bleibende Erinnerung. Aber wir arbeiten daran, es gewaltlos zu korrigieren.

Ich finde, daß man Pferden gewisse Freiräume zubilligen sollte. Es ist meiner Ansicht nach in Ordnung, wenn sie beim Anhalten noch zwei, drei Schritte macht, wenn sie dafür dann den Rücken nicht durchdrückt und eine entspannte Haltung beibehält. Das ist mir erstmal viel wichtiger als der prompte Gehorsam.

Beim Anhalten ist es sowieso am wichtigsten, daß ein Pferd nur auf ein Stimmsignal anhalten kann, egal ob mit oder ohne Gebiss.

Ich gestehe meinem Pferd auch zu, mal abgelenkt zu sein, auch mal ein Signal zu überhören. Es soll keine Maschine sein. Ich will, daß mein Pferd selber differenzieren kann, ob ich meinen Oberkörper abwende, weil ich mit einer Mitreiterin rede und mich ihr zuwende oder weil ich eine Wendung oder Volte reiten will. Sie kann auch in der Gegend umhergucken, ohne, daß ich sie gleich daran hindere. Sie soll auch ihren Spaß am Ausritt haben. Ich bin doch auch nicht in jeder Sekunde voll da und konzentriert, auch ich lasse mich ablenken und das billige ich auch meinem Pferd bis zu einem gewissen Grad auch zu.

Wenn ich aber dann an den Zügeln zupfe, ist sie sofort da und weiß „Aha, ich soll aufpassen."

Das gilt auf einem Ausritt. Wenn wir aber auf dem Platz arbeiten, erwarte ich die volle Konzentration. Dann wäre es allerdings unangemessen, wenn mein Pferd guckt, was auf dem Paddock nebenan los ist. Es bekommt auch seine angemessenen Pausen.

Ich versuche, nicht nachlässig zu sein, aber ich fühle, wozu sie fähig ist und wie weit ich sie fordern kann. Ich versuche, fair zu sein.

Ich glaube, daß fast jedes Pferd, das

diese Art der Achtung erfährt, genau dasselbe zurückgibt und in dieser Weise ein „besonderes" Pferd sein kann. Bonny honoriert das Bitless Bridle und alle anderen Aspekte des gewaltfreien Reitens mit noch mehr Vertrauen, noch mehr Entspannung und das wird von Tag zu Tag mehr, intensiver.

Sie hat z.B mit dem Bitless Bridle gelernt, in der Gruppe angstfrei zu galoppieren.

Ich kann nicht behaupten, daß nur das Bitless Bridle dazu geführt hat, daß sie jetzt so ist wie sie ist. Es waren viele Faktoren, die dazu geführt haben, daß sie ein sichtbar glückliches Pferd wurde. Vor einem Jahr hat sie noch im Westernstall gestanden, mit mindestens 16 Stunden Boxenaufenthalt und höchstens 8 Stunden Auslauf pro Tag. Dort hatte sie richtige Sorgenfalten und es gab diverse Verhaltensprobleme, die inzwischen verschwunden sind, nachdem ich sie in den Offenstall gestellt habe.

Ich hatte im Westernstall oft das Gefühl, daß die Pferde dort, die sich nicht gegenseitig beschnuppern oder näherkommen konnten, sich dennoch emotionell ausgetauscht haben. Bonny ging es dort noch relativ gut, denn sie kam auf dem Auslauf wenigstens mit anderen Pferden zusammen. Viele andere aber waren immer ohne Kontakt zu anderen Pferden, einzeln in Paddocks. Sie standen einzeln, weil sie mit Eisen beschlagen waren und weil sie auch

offensichtlich zu neurotisch für eine Gruppenhaltung waren. Sie wären tatsächlich eine Gefahr für sich und andere Pferde gewesen. Diese Pferde machten auf mich und sicher auch auf Bonny einen sehr, sehr unglücklichen Eindruck. In diesem Stall gab es keine Lebensfreude für die Pferde, auch wenn er sehr schick, modern und sauber war, er war dennoch freudlos. Und das Unglück der anderen Pferde übertrug sich auch auf Bonny. Nun hat sich das ja für uns zum Besseren gewendet. Ich bin vor kurzem von einer Reitstallkollegin, mit der ich noch nie ausreiten war, gefragt worden, ob ich mal mit ihr zusammen ausreiten würde. Ich sagte ihr, daß wir das gerne tun können. Aufgrund meines fragenden Blicks fügte sie dann hinzu: „Ich habe von allen Seiten gehört, daß man mit dir so gut ausreiten kann, unter anderem weil du und Bonny immer so ruhig seid und weil du dein Pferd immer unter Kontrolle hast."

Gibt es ein schöneres Kompliment für eine Reiterin und ihr Pferd?

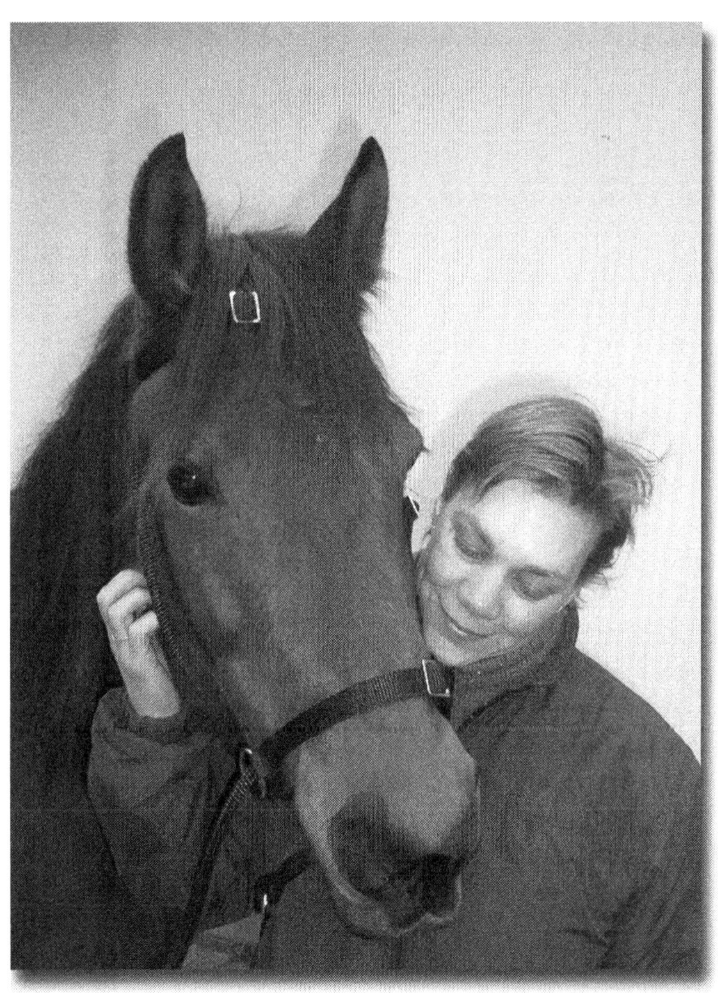

Das Bitless Bridle

Seit die Zeitschrift CAVALLO das Bitless Bridle in der Ausgabe 3/2001 erstmals vorgestellt hat, wird diese neue gebisslose Zäumung, die seit Mitte der neunziger Jahre in den USA verbreitet wird, auch in Deutschland verwendet.

Das Bitless Bridle ist einem Reithalfter recht ähnlich: Eine Zügelverlängerung läuft durch zwei Ringe, die links und rechts am Nasenriemen sitzen, wird unter der Kehle überkreuzt und über den Nacken des Pferdes geführt.

Das Bitless Bridle wirkt erstens über den Nasenriemen auf den Nasenrücken des Pferdes und zweitens über die Zügelverlängerung auf die Ganaschen (die Wangen) und den Nacken des Pferdes. Die Signale wirken auf die Seite des Kopfes, die dem Zügel, der benutzt wird, gegenüberliegt. Das heißt: Zug am linken Zügel ergibt einen Druck auf die rechte Ganasche, und das Pferd weicht nach links.

Das besondere an dieser Zäumung ist, daß hier auf jede Gewaltanwendung verzichtet wird. Jedes Gebiss wirkt auf den schmerzempfindlichen Gaumen.

Auch andere gebisslose Zäumungen funktionieren meist, indem schmerzhafter Druck auf den sehr empfindlichen Nasenrücken (Sidepull) oder den weichen Kehlraum (Hackamore) des Pferdes ausgeübt wird, d.h. sie verlagern die Gewalteinwirkung lediglich aus dem Maul nach aussen. Das Bitless Bridle verteilt den Druck des Zügels schmerzfrei auf Nasenrücken, Ganaschen und Nacken des Pferdes.

Ursprünglich sollen ähnliche Zäumungen von Indianern entwickelt und benutzt worden sein und hier in Europa gibt es seit dem Altertum das Cappazone di Doma, das ähnlich aufgebaut ist. Es ist es eine genial einfache Konstruktion, die es möglich macht, mit dem Pferd über Zügelsignale zu kommunizieren, ohne daß empfindliche Körperstellen des Pferdes gereizt oder gar durch – gewollte oder versehentliche – Gewalteinwirkung geschädigt werden.

Das Bitless Bridle hat gegenüber anderen gebisslosen Zäumungen den Vorteil der vollständigen seitlichen Einwirkung und der Genick-Einwirkung. Aufgrund dieser Eigenschaften kann es auch als ideales Longierhalfter benutzt werden.

Mit dem Bitless Bridle können Pferde die Zügeleinwirkung korrekt – d.h. wie mit einem Gebiss – umsetzen. Es können dieselben Zügelsignale eingesetzt werden, die Pferd und Reiter bereits aus der Gebiss-Reiterei kennen. Pferd und Reiter benötigen im Normalfall keine Umlernzeit: das Bitless Bridle funktioniert vom ersten Moment an.

Dennoch kann es zu Mißverständnissen kommen, und die basieren meist darauf, daß Reiter das Prinzip der Gewaltlosigkeit im Umgang mit Pferden noch nicht verstanden haben. Pferde erhalten über das Bitless Bridle Signale an Körperstellen (Ganaschen und Nacken), an denen sie bisher keine Signale bekamen. Das heißt: hier reagieren Pferde meist völlig unbelastet und extrem sensibel. Schon die leichteste Zügelbewegung wird vom Pferd wahrgenommen und umgesetzt.

Die Vorteile des Bitless Bridle

→ kein Metall oder andere gewaltandrohende und tatsächlich verletzende Fremdkörper im Pferdemaul ⇒ völlig gewaltfreie Zügel-Einwirkung

→ keine Verlagerung der Gewalteinwirkung auf Nasenrücken oder Kehle wie z.B. bei Bosal, Sidepull oder Hackamore

→ sehr einfache und übersichtliche Lösung

→ die Einwirkung auf den Nacken - sanfter Druck durch weichen Zügel - ist besser, weil natürlicher als bei jeder anderen Zäumung ⇒ das Pferd senkt den Kopf auf Signal

→ Einwirkung (sanfter Druck) auf Nasenrücken wie beim Sidepull, nur viel sanfter ⇒ die vordere Begrenzung erlaubt gewaltfreies Reiten in Anlehnung

→ seitliche Einwirkung (leichter Druck auf die Ganaschen) ⇒ Signalfunktionen wie beim Gebiss, allerdings viel feiner und leichter, weil Zug durch Druck ersetzt wird

→ natürliche Signale werden meist vom ersten Moment an von Pferd (und Reiter) verstanden

→ die Atmung des Pferdes wird nicht behindert, weil die Nackenposition natürlich bleibt (kein gewaltsam abgeknickter Nacken = eingeklemmte Atmung) und weil das Gaumensegel nicht durch das Gebiss irritiert wird

→ keine Schaumbildung, kein unnatürliches Kauen, also keine Anregung von physiologischen Verdauungsfunktionen während der Reitarbeit

→ kein „Headshaking" (Kopfschütteln) und andere Reaktionen auf Schmerzen durch das Gebiss wie Ausweichbewegungen des Kopfes oder heraushängende Zunge

→ keine unnatürlich lauten Atmungsgeräusche mehr

→ natürlicher Ausdruck der Maul-Physiognomie ⇒ Pferde können ohne Gebiss „lächeln" und entspannt die Unterlippe hängen lassen bzw. bei Unwillen die Lippen aufeinanderpressen oder die Zähne fletschen

→ deutliche Entspannung des gesamten Verhaltens des Pferdes durch weniger Stress ⇒ höhere Aufmerksamkeit und natürliche Kooperation

→ Zahnwechsel behindert nicht mehr die Reitausbildung des jungen Pferdes

→ auch „wackelige Hände" können dem Pferd nicht mehr schaden ⇒ Reiter können sich ohne Ablenkung auf den Sitz konzentrieren und die leichte Zügelführung wird deutlich geschult, da sie nicht mehr übertrieben vorsichtig (=ängstlich) sein müssen

→ kann gerade auch von Reitanfängern erfolgreich genutzt werden ⇒ gebisslos Reiten ist nicht mehr der „höheren Reitkunst" vorbehalten, die ideale Zäumung für die Reitausbildung

→ excellente Longierzäumung, da die Nackeneinwirkung gegeben ist ⇒ funktioniert besser als ein Kappzaum

→ funktioniert auch als Führhalfter ⇒ kein zeitraubendes Auf- und Abhalftern mehr in der Halle, auf dem Reitplatz oder vor dem Putzen

→ beim Wanderreiten kann das Pferd auch mit Zäumung grasen

→ erhöhte Sicherheit im Gelände, weil Schreckreaktionen nicht zusätzlich mit Schmerzen im Maul einhergehen ⇒ keine zusätzliche Panikreaktionen

→ Das Pferd kann sich nicht der Einwirkung entziehen, indem es auf das Gebiss beißt ⇒ erhöhte Sicherheit

→ gewaltfreies Reiten mit allen Signalfunktionen kann in jeder Reitweise umgesetzt werden

→ die Begegnung zwischen Pferd und Reiter wird nicht mehr durch überflüssige Gewalt erschwert ⇒ deutliche Entspannung auch des Verhaltens der Reiter und dadurch mehr Freude am Reiten für Pferd und Reiter

---

Wie das Bitless Bridle funktioniert

Das Bitless Bridle besteht aus Stirnriemen und Nasenriemen, die wie ein Halfter miteinander verbunden sind. Ein Nackenriemen – der mit den Zügeln verbunden ist – wird über zwei Ringe am Nasenriemen unter der Kehle über Kreuz geführt und durch zwei Laschen am Stirnriemen über den Nakken des Pferdes geführt.

Auf dem hier abgebildeten Bitless Bridle sind Nasen- und Stirnriemen so gelocht, daß das Bitless Bridle der Größe des Pferdekopfes optimal angepasst werden kann. Nur gut passende, eng sitzende Bitless Bridles können richtig funktionieren. Zu locker angelegte Bitless Bridle kann verrutschen oder gar auf dem Fell scheuern.

Der Zügel wird an den Ringen am Ende des Nackenriemens angebracht. Daher muß der Zügel kürzer sein als bei einer Gebisszäumung.

Auf den Abbildungen der nächsten Seite ist ein Bitless Bridle zu sehen, bei dem Nackenriemen und Zügel aus einem einzigen Seil bestehen.

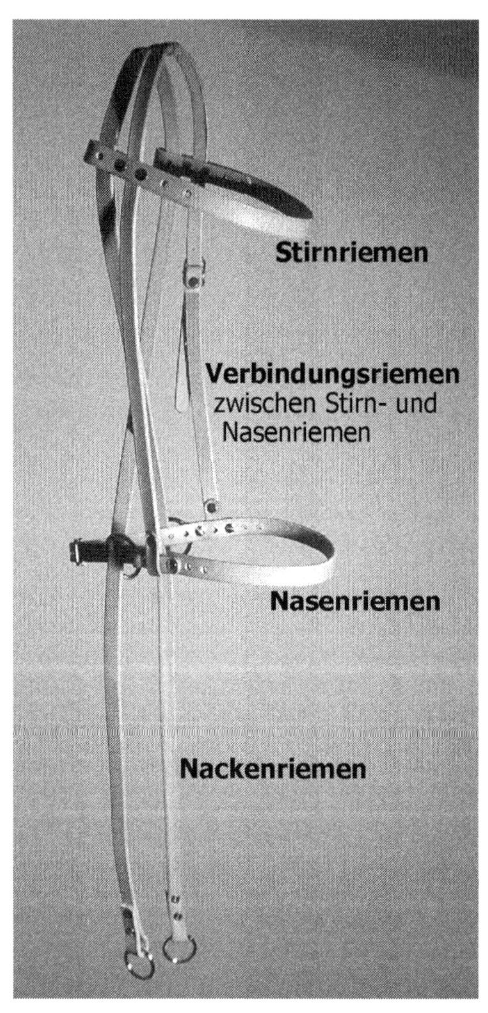

Der Nackenzügel wird unter der Kehle des Pferdes über Kreuz geführt. Das Bitless Bridle wirkt über den Nasenriemen auf den Nasenrücken des Pferdes und über den Nackenzügel auf die Seite des Kopfes (Ganaschen), die dem Zügel, mit dem gearbeitet wird, gegenüberliegt, sowie auf den Nacken des Pferdes.

Indem der Zügeldruck gleichmäßig auf Nase, Nacken und die gegenüberliegende Kopfseite verteilt wird, entstehen dieselben Signale, die Pferd und Reiter aus der Gebiss-Reiterei kennen.

Anlegen des Bitless Bridle

Das Bitless Bridle wird ähnlich wie ein Halfter aufgesetzt. Der Nasenriemen sollte dabei tiefer gesetzt werden, (etwa zwei bis fünf cm über der Maulfalte) als bei der klassischen englischen Zäumung. Auf keinen Fall darf es jedoch auf den empfindlichen Nasenknorpel gesetzt werden. Der Nasenriemen soll enger geschnallt werden, als bei englischen Zäumungen üblich, d.h. zwischen Nasenriemen und der Kehle sollte nur ein Finger (nicht zwei bis drei) Platz haben. Der Nasenriemen wird bewegt, weil an ihm die Ringe befestigt sind,

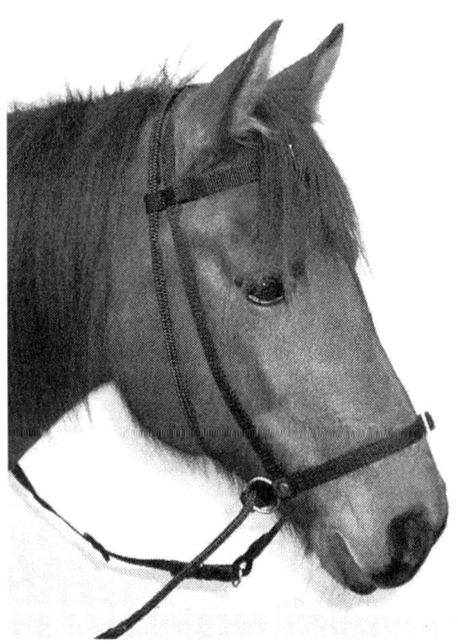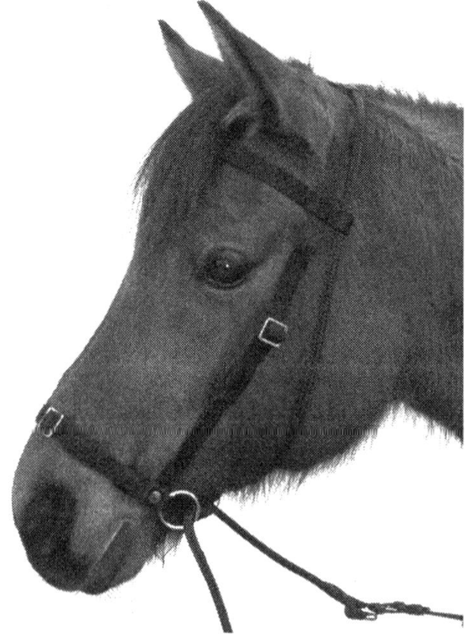

Der Nasenriemen des Bitless Bridle liegt optimal etwa 2 bis 8 cm über der Maulfalte. Je tiefer der Nasenriemen sitzt, desto stärker ist die Zügeleinwirkung

die den Nackenriemen, also die Zügelverlängerung führen. Daher sollte der
Nasenriemen so fest sitzen, daß er sich
duch diese Bewegung nicht hin- und
herbewegen kann (was schlimmsten-
falls zu Scheuerstellen auf der Nase
führen könnte). Man sollte auch darauf achten, daß der Nasenriemen nicht
in Richtung Augen nach oben rutschen
kann – z.B. beim Vorwärts-Abwärts-
Reiten – da man dann mit den Zügeln
das Bitless Bridle nach oben ziehen
könnte.

Wenn es trotz richtiger Aufzäumung
Scheuerstellen gibt, ist es sinnvoll, einen Nasenschoner zu benutzen, noch

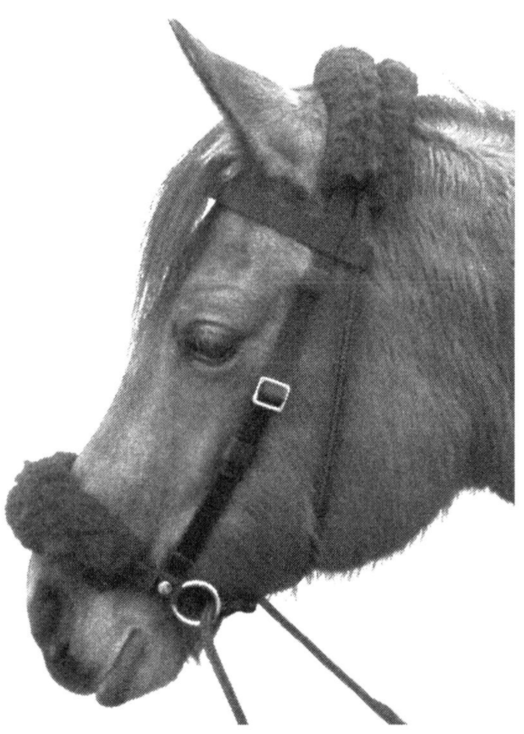

bevor es zu Verletzungen der Haut
kommt. Die Ursache für Scheuerstellen könnte auch daran liegen, daß der
Reiter immer noch zu viel Zügelaktion
ausübt. Bis man gelernt hat, das Pferd
mit leichteren Zügelhilfen zu reiten,
wird ein Nasenschoner angelegt. Hier
verhalten sich die verschiedenen Materialien unterschiedlich: am ehesten
neigt Gurtband dazu zu scheuern, Leder weniger und Beta Biothane scheuert am wenigsten.

Bei manchen Pferden empfiehlt sich
auch die Verwendung eines Nasen-
schoners am Nacken, z.B. bei Pferden
mit Sommerekzem.

Der Stirnriemen wird so gewählt, daß
der Halteriemen zwischen Stirn- und
Nasenriemen direkt hinter den Ohren
läuft, ohne die Ohren jedoch in ihrer
Beweglichkeit zu behindern. Im Zwei-
felsfall muß der Stirnriemen also eher
zu weit als zu eng sein. Denn da der
Stirnriemen den Nackenriemen führt,
gibt es auch im Stirnriemen Bewegung.
Es könnte das Pferd sehr irritieren,
wenn dadurch die Ohrbewegungen behindert werden.

Der Nackenriemen ist die Verlängerung der Zügel. Bei angelegtem Bitless
Bridle sollte der Nackenriemen wenigstens 20 cm über die Ringe am Nasenriemen hinausragen. Er soll möglichst
über dem Kopf frei gleiten, damit sich
die Riemen unter der Kehle des Pferdes nicht zuziehen können. Da die
Zügel wie bei einem Gebiss nur mini-

mal bewegt werden (also nur jeweils wenige Millimeter), ist es jedoch letztlich gleichgültig, wie lang der Nackenriemen ist. Es kann zwischen dem Umlenkring und dem Ring, an dem der Zügel befestigt wird, sowohl 30 cm lang sein oder auch nur 5 cm. Die Funktion wird durch die Länge des Genickzügels nicht beeinflußt.

Es ist auch möglich ein einziges etwa 6 Meter langes Seil zu benutzen, d.h. Zügel und Nackenriemen sind hier ein einziges Stück. Das wäre die einfachste Lösung.

Falls Sie feststellen, daß die Zügel während des Reitens sehr unterschiedlich lang werden, d.h. der Genickzügel einseitig durchgezogen wird, liegt es daran, daß Sie – einseitig – zu viel Zügeleinwirkung ausüben. Bei Rechtshändern ist meist der Zug auf der rechten Seite größer. Die Hilfen sollten so fein sein, daß der Zügel nicht rutscht. (Das Pferd spürt, wenn sich eine Fliege aufs Haar setzt, so leicht können letztlich auch Ihre Hilfen sein.) Bis Sie (und Ihr Pferd) die richtige (feine) Zügelaktion gelernt haben, können Sie den Nackenriemen festlegen.

Reiten mit losem oder festgelegtem Nackenriemen

Zwischen Halteriemen und Nackenriemen (der Zügelverlängerung) sitzt oben auf dem Kopf des Pferdes eine Lederlasche, die mit einer Chicago-

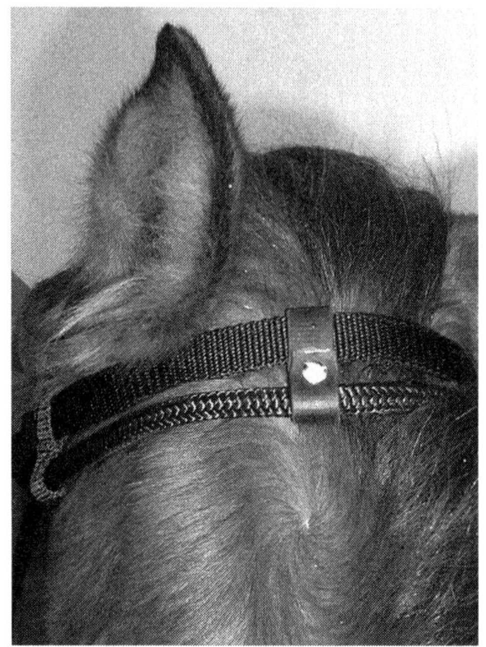

Schraube zusammengehalten wird. Diese Schraube fixiert den Nackenriemen und kann bei Bedarf entfernt werden. Probieren Sie bitte selber aus, ob Sie besser mit oder ohne diese Lasche zurechtkommen:

1) Ohne Lasche = freier Nackenriemen: entspricht eher der englischen Reitweise mit verwahrendem Zügel. Falls Sie feststellen, daß die Zügel während des Reitens sehr unterschiedlich lang werden, d.h. der Nackenriemen einseitig durchgezogen wird, liegt es daran, daß Sie zu viel Zügeleinwirkung ausüben. Sie müssen dann den gegenseitigen Zügel festhalten und Ihre Signale so weit verfeinern, daß der Nackenriemen nicht mehr einseitig durchrutscht.

2)Mit Lasche = fixierter Nackenriemen: der gegenseitige Zügel rutscht nicht durch, d.h. die Zügelaktion entspricht der, die vom Reiten mit Gebiss bekannt ist, besonders im Westernreiten.

Je nach Kopfform des Pferdes kann sich der Nackenriemen unter der Kehle zuziehen. Das geschieht, wenn der Riemen zu eng am Kopf anliegt. Abhilfe: schnallen Sie den vorderen Teil des Nasenriemens weiter (die Ringe unter der Kehle kommen enger zusammen) und verschnallen das Bitless Bridle etwas tiefer in Richtung Nüstern (vorsicht, nicht auf dem Nasenknorpel verschnallen)
Achtung: der Nackenriemen soll immer anliegen (nicht herunterhängen), damit feine Signale gegeben werden können. Manche Reiter meinen, der Nackenriemen müßte sich völlig lockern und befürchten, daß er sich zuzieht und dem Pferd die Luft abdrückt. Das hat sich als eine falsche Befürchtung herausgestellt. Der Nackenriemen soll unter der Kehle immer anliegen. Wenn er herunterhinge, könnte man keine feinen Signale geben. Anders als beim Reiten mit Gebiss ist es nicht nötig, die Zügel immer wieder zu lösen. Lediglich bei Pferden mit sehr flachen Ganaschen besteht die Gefahr, daß der Nackenriemen die Atmung behindern könnte. Sollte dies der Fall sein, muß das Bitless Bridle so einge-

stellt werden, daß die seitlichen Führungsringe nicht an der Seite des Nasenriemens sitzen, sondern unter der Kehle enger zusammenkommen. Dafür muß der Nasenriemen vorne sehr weit gewählt werden.

Umstellen auf gebissloses Reiten mit Bitless Bridle

Die Umstellung auf das Bitless Bridle dürfte in den allermeisten Fällen keine großen Probleme mit sich bringen, weil die Struktur der Signale prinzipiell dieselbe bleiben kann wie beim Reiten mit Gebiss, unabhängig vom Reitstil. Daher ist keine besondere, auf das Bitless Bridle abgestimmte Reitlehre notwendig.

In einigen Fällen ist beobachtet worden, daß Pferde, wenn sie feststellen, daß der gewaltsame Druck fehlt, sich nun endlich dem Reiter entziehen können. In diesen Fällen müßte zunächst an der Vertrauensbasis zwischen Pferd und Reiter gearbeitet werden.

Aber das ist wirklich die Ausnahme. Beginnen wir mit dem Normalfall, d.h. ein ausgebildetes Reitpferd soll auf Bitless Bridle umgestellt werden.

Beim ersten Anlegen des Bitless Bridle sollte das Pferd auf einem begrenzten Platz sein, also in einer Reithalle, einem Reitplatz oder einem Roundpen, nicht in der Box oder in der Stallgasse. Das gilt für alle neuen Ausrüstungsteile, weil wir vorher nie genau wissen können, worauf ein Pferd mit Schrecken reagieren wird.

Zuallererst wird das Pferd am Bitless Bridle geführt, und zwar mit den Zügeln. Sie werden bei fast allen Pferden feststellen, daß sie dem ungewohnten Druck auf die Ganaschen mit absoluter Leichtigkeit folgen. Hier wird schon im ersten Moment der große Unterschied zwischen dem Bitless Bridle und allen anderen Arten der Zäumung offenbar. Das Pferd weicht dem leichten Druck an den Ganaschen und das ist für das Pferd viel einfacher und natürlicher als daß es dem Zug an einem Trensengebiss folgt. Einem Druck zu weichen ist natürlicher, als einem Zug zu folgen.

Versuchen Sie es selber: Wenn sie jemanden (einem Menschen) am Ärmel ziehen, ist die erste Reaktion oft ein impulshafter Gegenzug. Wenn Sie ihm jedoch leicht gegen den Arm drücken, wird er weichen.

Die nächste Maßnahme ist es, das Pferd mit dem Bitless Bridle zu longieren. Dabei kann man sowohl mit einseitiger Longe gearbeitet werden und sehr gut auch mit Doppellonge.

(Bitte gehen Sie bei der Arbeit mit Doppellonge vorsichtig vor, denn die Arbeit von einer Position hinter dem Pferd kann gefährlich werden.) Der große Unterschied zwischen Longierzaum und Bitless Bridle liegt hier darin, daß wir bedenkenlos mit demselben Ausrüstungsteil longieren können, mit dem wir später auch reiten, d.h. wir können hier sowohl Zügel- wie auch Stimmsignale besser trainieren als z.B. mit dem Leder-Kappzaum.

Wenn Sie einseitig longieren wollen, befestigen Sie die Longe an dem Ring des Nackenriemens, der zu Ihnen weist. Also bei einem Pferd, das rechtsherum longiert werden soll, wird die Longe an dem Ende befestigt, das am rechten Ring herauskommt. Ziehen Sie den Nackenriemen so weit durch, bis die andere Seite am Führungsring festklickt. Die Ringe sind so gewählt, daß sie nicht durchrutschen können. Falls Sie ein Bitless Bridle mit einem einzigen langen Seil als Zügel und Nackenriemen benutzen, müssen Sie das Ende des Zügels am gegenüberliegenden Führungsring festknoten. Sie können das Seil jedoch auch herausziehen und ein entsprechendes längeres Longenband in das Bitless Bridle einschnallen. Sie werden beim Longieren feststellen, daß das Pferd sehr schnell lernt, auf kurze Paraden an der Longe den Kopf zu senken.

Noch besser ist es, das Pferd mit einer Doppellonge auf die eigentlichen Reitsignale vorzubereiten, da hier ganz besonders der Effekt erzielt werden kann, daß man mit genau denselben Stimm- und Zügelhilfen arbeiten kann, die man dann auch im Sattel benutzt. Dieses Vorgehen eignet sich natürlich gut dafür, ein Pferd für das Anreiten vorzubereiten.

Wenn ein bereits mit anderen Zäumungen gerittenes Pferd keine Auffälligkeiten gezeigt hat, dürfte es an diesem Punkt auch gebisslos geritten werden können. Natürlich ist auch das noch in der Halle oder auf dem Reitplatz bzw. dem Roundpen am sichersten. *Geben Sie sich und dem Pferd die nötige Zeit, sich an die neue Situation zu gewöhnen.* Wir erleben immer wieder mit Bedauern, das ungeduldige Reiter schon aufgeben, wenn sie nach ein- oder zwei Tagen keine deutlichen Verbesserungen feststellen können. Das erste Ziel sollte sein, die normale Reitsituation zu erreichen, die vorher mit dem Gebiss bestanden hat.

Sie werden schnell merken, daß Sie mit dem Bitless Bridle die Zügelsignale erheblich reduzieren können. Wir wollen immer wieder darauf hinweisen: gehen Sie nach der Grundregel vor, daß alle Hilfen, wenn sie verstanden worden sind, beim nächsten Mal abgeschwächt gegeben werden. Es ist wirklich sehr erstaunlich, wie fein die Hil-

fen werden können, wenn man sich an diese einfache Grundregel hält.

Wenn Sie ein junges Pferd anreiten, sollten Sie das bei anderen Reitern beobachtet haben und entsprechende Anleitungen bekommen haben. Hier werden leider auch die Fehler der Vergangenheit weitergegeben, denn viele Pferdetrainer werden sich auf die eine oder andere Weise auf Gewalt als Mittel zum Anreiten junger Pferde verlassen und dies als notwendige Selbstverständlichkeit an ihre Schüler weiter-

geben. Lassen Sie sich nicht irritieren, aber verzichten Sie deshalb nicht auf möglichst kompetente Unterstützung. Nichts kann so frustrierend sein, als wenn sich ein unausgebildeter Reiter auf ein unausgebildetes Pferd setzt. Das geht meist schief, auch wenn die Absichten noch so gut sein mögen.

Ein Tipp: Beginnen Sie erst dann mit den Übungen, sich auf das Pferd zu setzten, wenn es gelernt hat, auf den Halt-Befehl, also „Whoa", „Brrr" oder „Prrt" sofort und kompromißlos stehenzubleiben. Es ist Ihre Lebensversicherung für alle kritischen Situationen.

Reiten mit Bitless Bridle

Auch wenn mit dem Bitless Bridle prinzipiell mit denselben Signalen geritten wird, die in den verschiedenen Reitstilen auch für die Gebissreiterei gelten, gibt es dennoch einen gravierenden Unterschied: die Zügelarbeit verliert an Wichtigkeit. Da die Zügel nicht mehr für die Ausübung von Dominanz verwendet werden, d.h. sie können nicht mehr „strafend" eingesetzt werden, wird sich der Reiter über kurz oder lang auf die wesentlichen Hilfen, also auf den Sitz, die Schenkel und die Stimme konzentrieren. Mit den Zügeln werden tatsächlich nur noch Signale gegeben und damit werden sie auf die Funktion reduziert, die sie tatsächlich haben sollten.

Die Signale kommen wie beim Sidepull auf dem Nasenrücken und über die Zügelverlängerung auch an den Ganaschen und am Nacken des Pferdes an. Die Signale wirken daher eher als Druck auf die Ganaschen, als daß sie wie beim Gebiss als Zug einwirken. Die Wirkungsweise entspricht also eher dem, was wir im Westernreiten als Neck Reining kennen, wo das Pferd ebenfalls dadurch gelenkt wird, daß die Zügel an den Hals angelegt werden. Beim Bitless Bridle geschieht das jedoch direkt am Kopf.

Es scheint so zu sein, daß leichter Druck auf die Ganaschen viel einfacher und zielsicherer verstanden werden kann, als Zug am Gebiss oder am Sidepull. Das Bitless Bridle wirkt also beim Pferd völlig anders als Gebisse. Lediglich für den Reiter muß sich zunächst einmal nichts ändern, wenn wir mal davon absehen, daß eine sensiblere, leichtere Zügelführung gefördert wird. D.h. sensible Reiter werden schnell feststellen, daß kürzere und leichtere Signale genauso vom Pferd verstanden werden. Da dem Pferd mit dem Bitless Bridle bei normaler Handhabung überhaupt kein Schaden zugefügt werden kann, ist es sogar ohne weiteres möglich, einen ständigen lockeren Kontakt zum Pferdekopf zu halten. Es ist nicht unbedingt notwendig, mit durchhängendem Zügel zu reiten, sondern es ergibt sich eine „leichte Anlehnung" wie von alleine. Das Reiten in Anlehnung muß dennoch ausgiebig trainiert werden, denn es kann durchaus zu Kommunikationsproblemen kommen, wenn ein Pferd, das auf feine Hilfen reagiert, auf leichten Zügeldruck durchpariert. Man darf also die treibenden Hilfen nicht vergessen. Man sollte den Leitsatz der FN-Richtlinien beachten: „Die Anlehnung wird vom Pferd gesucht und vom Reiter gestaltet."

Offenbar hat die Tatsache, daß dem Pferd ohne Gebiss kein Schaden zugefügt werden kann, auch eine Art „heilende Wirkung" auf die Reiter, da sie nun die verschiedenen Möglichkeiten austesten können, die Anlehnung zu halten, den Zügel anzunehmen oder mit durchhängendem Zügel zu reiten. Denn das eigentliche Problem in allen Reitausbildungen besteht – für die Pferde – darin, daß jeder Reitschüler erst in jahrelanger Arbeit lernen muß, die Zügel in der Anlehnung so benutzen, daß das Pferd keinen Schaden nimmt. Und wie wir wissen, lernen das viele nie.

Prof. Cook schreibt über eine erstaunliche Beobachtung, die erst bei näherem Hinsehen plausibel wird:

Der Reiter sollte versuchen, jederzeit einen unabhängigen Sitz zu erlangen. Mit anderen Worten: die Zügel sollten nicht als Sicherheitsleine des Reiters dienen und dazu benutzt werden, seinen Sitz zu stabilisieren oder die Balance zu halten. Eine der vielen Vorteile, die von Anwendern Bitless Bridle festgestellt wurden ist, *daß es sie dazu ermutigt, sich mehr um den Sitz und die Beinhaltung zu kümmern als um die Zügel.* (Robert Cook, Users Manual)

Da die Zügel beim Bitless Bridle nicht mehr zur Disziplinierung eingesetzt werden (es geht schon, aber die Kraftprobe gewinnt letztlich das Pferd, wenn man es darauf anlegt), verlieren sie ihre Bedeutung als Droh- und Strafinstrument und werden auf das reduziert, was sie in jeder Reitdisziplin auch sein sollen: der Kontakt zur Übermittlung kurzer, möglichst feiner Signale und über die Anlehnung eine einfache Möglichkeit der vorderen Begrenzung, um die Versammlung zu unterstützen. Derart unspektakulär gewordene Zügel werden nach kurzer Gewöhnung so einfach und im positiven Sinne automatisch geführt, wie ein Autofahrer sein Lenkrad hält. Die Aufmerksamkeit der Reiter wird frei für die Aufgaben, die sie aktiv und bewußt beherrschen müssen: vor allem der ausbalancierte Sitz und die angemessenen Schenkelhilfen. Auch das sollte einem fortgeschrittenen Reiter in richtiger Weise automatisch gelingen, aber wir wissen, daß das allein über viel Übung und Erfahrung gelernt werden kann. Das Bitless Bridle gibt uns daher die Möglichkeit, uns auf Sitz und Schenkelhaltung zu konzentrieren, weil das Problem „wacklige Hände" keine so schlimmen Auswirkungen mehr hat. Und auch die richtige, weiche Handhaltung wird geschult, weil jede Angst wegfällt, man könnte dem Pferd schaden. Angst macht nicht locker, sondern steif.

Ist die Handhaltung zu fest, wird das Pferd dies dem Reiter zeigen, indem es seinerseits an den Zügeln zieht und signalisiert, daß es mehr Freiheit im Hals wünscht. Meist ist es richtig, dem Ansinnen des Pferdes nachzugeben und ihm die Halshaltung zuzubilligen, die es von sich aus einnehmen möchte. Vielleicht müssen wir uns auch von einigen Doktrinen vermeintlich „korrekter" Haltungen trennen und mehr darauf hören, was die Pferde über korrekte Haltung zu sagen haben bzw. uns zu signalisieren bereit sind.

Cook schreibt über die Zügelhaltung:

Das Thema „Zügel lösen" (Release) erfordet einen weiteren Kommentar. Die Lösung des Drucks sobald ein Pferd auf die Zügelhilfe mit dem Bitless Bridle geantwortet hat, sollte ebenso gehandhabt werden, als wenn man ein Gebiss benutzt. Nichtsdestoweniger gibt es dafür nicht dieselbe hohe Dringlichkeit oder gar dieselbe Notwendigkeit. Anders als in der Situation, wenn man ein Gebiss benutzt, wurde das Pferd durch die Zügelhilfe nicht in Unbehagen versetzt oder verletzt. Somit gibt es auch nicht dieselbe Dringlichkeit, das Pferd durch sofortige Lösung der Zügel zu belohnen. Da die Partnerschaft durch nichts belastet worden ist, gibt es auch keine Not-

wendigkeit, sie irgendwie „aufzupolieren" (Robert Cook, Users Manual)

Die Tatsache, daß in den klassischen Reitstilen mit Gebiss das Lösen der Zügel als „Belohnung" benutzt wird, ist ein deutlicher Hinweis darauf, daß das Reiten mit Gebiss im Umkehrschluß als „Strafe" oder wenigstens als Belastung gesehen wird. Offenbar ist vielen Reitern die Tatsache, daß das Reiten mit Gebiss eine Belastung des Pferdes darstellt, auf einer subtilen Ebene durchaus bekannt. Daß dieses Wissen oft blockiert und ignoriert wird, mag ein Hauptgrund dafür sein, daß sich viele Reiter gegen den Gedanken wehren, man könnte es auch gewaltfrei und gebisslos versuchen. Denn man müßte sich diesen Fehler zunächst eingestehen, um ihm revidieren zu können.

Wir erhalten immer wieder Fragen, die sich darauf beziehen, ob es möglich ist mit Bitless Bridle auch in einem bestimmten Reitstil zu reiten, z.B. in der klassischen Dressur oder im Fahrsport. Unsere Erfahrungen mit dem Bitless Bridle in verschiedenen Reitweisen sind alles andere als umfassend. Wir haben erst ab Mitte 2001 in unserer eigenen Freizeitreitweise mit gewaltfreiem gebisslosem Reiten Erfahrungen gesammelt und dann bis Ende 2001 begonnen, dies auch zu veröffentlichen und als Zäumung kommerziell anzubieten. Natürlich haben wir inzwischen mit den unterschiedlichsten Reitern

Kontakt bekommen und viele Rückmeldungen erhalten – meistens telefonisch. Wir hoffen, daß sich viel mehr Reiter dazu aufraffen, ihre Erfahrungen in unterschiedlichen Reitweisen zu beschreiben und zur Diskussion zu stellen. Dafür steht unsere Webseite www.gebisslos-reiten.de zur Verfügung. Nutzen Sie dieses Medium, denn es ermöglicht, daß sich Reiter mit positiven und negativen Erfahrungen austauschen und gegenseitig helfen und inspirieren.

Wer hier auf mehr Informationen zurückgreifen möchte, sollte sich auf der ausführlichen Webseite von Professor Robert Cook „www.bitlessbridle.com“ umsehen. Dort sind etwa 440 Erfahrungsberichte abgelegt, in denen zum Teil sehr ausführlich über den Einsatz des Bitless Bridle in den verschiedensten Disziplinen und mit unterschiedlichen Pferderassen berichtet wird.

Prinzipiell ist das Reiten mit Bitless Bridle in allen Reitweisen möglich, auch in Dressur und Fahrsport. Ob es im Einzelfall funktioniert, ist offensichtlich weniger vom Typ der Reitweise abhängig – Western, Dressur, klassisch-iberisch, Gangpferdereiten etc. – sondern davon, wie sehr der einzelne Reiter (Fahrer) in seinem persönlichen Reitstil auf die konstante feste Zügeleinwirkung angewiesen ist, bzw. ob es ihr/ihm möglich ist, mit kurzen, feinen und deutlichen Signalen zu reiten.

Wenn wir uns ansehen, wie z.B. in der höchsten Dressurklasse (siehe Jerez) auch von den Turniersiegern geriegelt und mit harten Zügeln geritten wird, scheint es sinnlos, das Bitless Bridle auch für die Dressur einsetzen zu wollen. Aber können wir diese ganz offensichtlich schlechte und von vielen Fachleuten als völlig indiskutabel kritisierte Profi-Reiterei als Maßstab nehmen? Wohl kaum. Und die Berichte, die Prof. Cook veröffentlicht, sprechen deutlich aus, daß es möglich ist alle Aufgaben auch in den höheren Klassen genauso und besser mit dem Bitless Bridle zu reiten, die auch mit dem Gebiss möglich sind. So können wir Reitern der höheren Dressurklassen nur anbieten, mit dem Bitless Bridle Erfahrungen zu sammeln und sie auch entsprechend an uns weiterzugeben.

Natürlich bietet sich das Westernreiten vordergründig als geeigneter an, weil hier von vornherein mehr auf Gewichts-, Schenkel-, und Stimmhilfen gesetzt wird als in anderen Disziplinen. Doch die Praxis, die sich uns auf den großen Western-Turnieren zeigt, ergibt keine andere Situation als im Dressur-Reitsport. Auch hier können wir vorwiegend Reiter sehen, die alles andere als vorsichtig mit den Zügeln umgehen. Einzig im Cutting, wo vom Reglement her die Zügelhilfen weitgehend ausgeschlossen sind können Pferde zeigen, daß es durchaus möglich ist, komplizierte Aufgaben zu reiten, ohne daß ihnen ständig am Maul gerissen wird. Beim Gangpferdereiten ergibt sich ein besonderes Problem. Wir haben hier sehr unterschiedliche Reaktionen bekommen von „klappt überhaupt nicht" bis „der Tölt funktionierte vom ersten Moment an". Der Tölt wird von verschiedenen Reitern sehr unterschiedlich geritten. Viele Reiter müssen ihren Pferden offenbar eine ständige, recht hohe Anlehnung geben und mit kräftig angezogenen Zügeln reiten, um den Tölt zu halten. Andere reiten auch den Tölt problemlos mit losem Zügel und müssen lediglich von Zeit zu Zeit ein Signal geben.

Während Naturtölter diese Gangart beherrschen, ohne daß eine unnatürliche Spannung aufgebaut werden muß, werden viele Pferde offenbar durch Spannung über Zügel, Gebiss und Gerte in den Tölt gezwungen. Tölt ist eine in Spannung gerittene Gangart, die aber entspannt geritten werden sollte. Hier existiert offenbar ein ähnliches Problem wie beim Reiten in Anlehnung. (siehe nächstes Kapitel). D.h. die Ambitionen der Reiter entsprechen oft nicht dem Ausbildungsstand und den natürlichen Anlagen der Pferde. Vielleicht mag die Ausbeute an Tipps, was verschiedene Reitweisen angeht, manchem engagierten Reiter zu mager erscheinen. Nun, wir können nur das berichten, was wir kennen und wir wollen schließlich nicht das Blaue vom Himmel versprechen, sondern realistische Berichte und praktische Hilfen anbieten. Daher noch einmal die Aufforderung an alle, die praktische Erfahrungen mit dem Bitless Bridle gesammelt haben: Teilen Sie Ihre Erfahrungen mit. Wir werden sie alle auf unserer Webseite und eventuell in weiteren Büchern veröffentlichen. Nur so können wir alle lernen.

Reiten in Anlehnung mit Bitless Bridle

Wir sind immer wieder gefragt worden, ob es denn möglich sei, mit Bitless Bridle auch in Anlehnung zu reiten. Natürlich ist das möglich und zwar besser als mit Gebiss. Wir sind jedoch dabei auf die Frage gestoßen: „Wozu dient überhaupt die Anlehnung?"

Anlehnung ist die stete, weich-federnde Verbindung zwischen Reiterhand und Pferdemaul. Das Pferd soll durch das taktmäßige, losgelassene Vorwärtsgehen, wofür der Reiter mit seinen treibenden Hilfen verantwortlich ist, die Anlehnung an das Gebiß suchen und somit an die Hand des Reiters herantreten.

Man sagt auch: „Die Anlehnung wird vom Pferd gesucht und vom Reiter gestaltet."

Die jeweils richtige Anlehnung gibt dem Pferd die nötige Sicherheit, sein natürliches Gleichgewicht unter dem Reiter wiederzufinden und sich im Takt der verschiedenen Gangarten auszubalancieren. Das Genick ist immer der höchste Punkt des Pferdes, außer wenn vorwärts-abwärts in Dehnungshaltung geritten wird.

<u>*Merke: Die Anlehnung darf niemals durch Rückwärtswirken mit den Zügeln gewonnen werden; sie muß das Ergebnis der richtig entwickelten Schubkraft sein. Das Pferd muß infolge der treibenden Einwirkung vertrauensvoll an die Hand herantreten.*</u>

Die weiterentwickelte Stufe der Anlehnung wird auch als <u>Beizäumung</u> bezeichnet. Diese Biegung im Genick (das Pferd „steht am Zügel") ist als solches kein wesentliches Ziel der gymnastischen Ausbildung, wohl aber Folge und Begleiterscheinung sachgemäßer Dressurarbeit. Daher dürfen weder junge Pferde in der Grundausbildung, noch ältere, fortgeschrittenere Pferde in der Lösungsphase zu früh an den „Zügel gestellt werden". Dieses Vorgehen, insbesondere ausschließlich durch Handeinwirkung erreicht, wird sich immer nachteilig auf die Losgelassenheit und Aktivität der Hinterbeine und somit auf das gesamte Ziel der Ausbildung auswirken.
(Richtlinien für Reiten und Fahren, Band 1, Grundausbildung für Reiter und Pferd, FN-Verlag, S. 171)

Obwohl diese allgemeingültigen Grundlagen in jeder Reitausbildung geschult werden sollten, spricht die Realität des Reitalltags leider sehr häufig eine andere Sprache. Auch Reiter der höchsten Dressurklassen zeigen, daß diese Grundsätze schlicht ignoriert werden. Es ist offenbar sehr schwer, diesen Ansprüchen gerecht zu werden. Pferde werden – oft ohne ausreichende Lösungsphase – durch permanentes Ziehen am Zügel und durch zusätzliche Hilfszäumungen regelrecht in die „richtige" Haltung gezogen. Wenn die Anlehnung nicht durch ein sensibles gegenseitiges Verständnis zwischen Pferd und Reiter erreicht wird, sondern durch „Riegeln", entsteht ein Teufelskreis, bei der letztlich die Gesundheit des Pferdes auf der Strecke bleiben muß, denn die Pferde werden nicht in ihrer Muskulatur gelöst, können den Rücken nicht aufwölben, sondern müssen ihn durchdrücken und erleiden alleine durch das Gewicht des Reiters schwere Schäden.

Das große Mißverständnis liegt offensichtlich darin, daß Reiter glauben, daß Anlehnung, Aufrichtung und Beizäumung dazu da sind, daß das Reiten „schön aussieht" und insofern eine Art ästhetischen Selbstzweck darstellen (weil es in den Dressurprüfungen auch so verlangt wird). Die Anlehnung funktioniert jedoch nur, wenn das Pferd die Vorhand entlastet und mit der Hinterhand kräftig untertritt, die Kraft also aus der Hinterhand holt. Ferdinand Hempfling schreibt dazu:

Sinn und Ursache der Versammlung ist es, die Hanken des Pferdes so zu gymnastizieren und zu beugen, daß das Pferd das zusätzliche Reitergewicht aufnehmen und mit Leichtigkeit und in Balance tragen kann. Das ist also die Ursache und was ist die Wirkung? Das gesamte Pferd wird sich zusammenschieben. Es wird kürzer werden, den Kopf höher tragen (Aufrichtung) und konsequenterweise ein Stück weiter abknikken (Beizäumung). Das aber ist vergleichsweise unwichtig. Wichtig ist die Hankenbiegung und die Übernahme des Gewichts auf die Hinterhand.
(...) Ein Pferd ausschließlich „von hinten" zu arbeiten ist mit sehr viel Zeit, Geduld und Aufwand verbunden ... Den äußeren Eindruck (die Täuschung) – Hals nach oben, Kopf abknicken – erreicht man schließlich auch, wenn man entsprechend kräftig und nur mäßig geschickt an den Zügeln zieht. Diese Art der Aufrichtung – so wichtig für viele Reiter – hat aber nur mittelbar etwas mit Versammlung zu tun! Erzwinge ich die Aufrichtung und die Beizäumung wird mein Pferd in vielen Fällen schließlich den Rücken wegdrücken, und eine wirkliche Hankenbiegung ist für alle Zukunft nur noch sehr schwer möglich. Ich erreiche zwar eine optische Täuschung, mein Pferd ist aber in Wahrheit keinesfalls bereiter, mein Gewicht im Zustand der Balance zu tragen (...).

Beizäumung und Aufrichtung sind Konsequenzen einer pferdegemäßen Arbeit, das Ergebnis einer konsequenten Ausbildung, die das Pferd auf eine kleinere Basis stellt und die ausschließlich dazu dient, das Reitergewicht im Gleichgewicht zu tragen. Die Zügel hängen durch, denn Aufrichtung und Beizäumung entstehen und erhalten sich „automatisch". (K.-F. Hempfling, Mit Pferden tanzen, 1993, Frankh-Kosmos, Stuttgart, S, 57)

Dazu sollte an dieser Stelle erwähnt werden, daß Hempfling propagiert, Pferde am losen Zügel in Versammlung zu reiten.

Einige interessante Details zur Definition von „Anlehnung" und zur traurigen Realität, was Anlehnung in der Praxis bedeutet, sind in der Cavallo 3/2001 auf den Seiten 16 und 17 zu finden. Dort heißt es:

Die FN-Richtlinien für Reiten und Fahren Band 1 definieren Anlehnung als „stete, weich federnde Verbindung zwischen Hand und Pferdemaul". Die meisten Reiter definieren Anlehnung dagegen als „konstante Verbindung mit möglichst wenig Kraft".

In einer eigenen Studie hat Cavallo zusammen mit dem Biologen Dr. Parvis Falaturi untersucht, mit wieviel Kraft Reiter in Anlehnung reiten. Sie untersuchten drei Reiter (zwei Freizeit- und einen FN-Dressurreiter) die jeweils dasselbe Pferd mit Lederzügel, einem Zügel mit Gummieinsatz und

mit einem dünnen Band ritten. Das Meßgerät, das zwischen Trensenring und Zügel geschnallt war, war in der Lage, alle Kraftveränderungen zu messen und aufzuzeichnen. Die Ergebnisse sind im negativen Sinne eindrucksvoll: die Grafiken zeigen bei allen drei Reitern extrem gezackte Kurven in verschiedenen Ausprägungen. In der Zeit von 20 Sekunden Trab zeigen sie ca. 65 deutliche Ausschläge. Das heißt, bei jedem Schritt eines jeden Fußes bekommen die Pferde das Gewicht von 5 bis zu 16 kg auf die Zunge, den Unterkiefer und den Gaumen geknallt, in diesem Beispiel ca. drei mal in der Sekunde. Und am heftigsten waren die Ausschläge ganz eindeutig beim professionellen FN-Reiter. Es gehört nur wenig Phantasie dazu, sich vorzustellen, daß diese Ergebnisse das Problem eher am unteren Rand beschreiben, denn diese drei Reiter wußten, daß ihre Zügelhaltung gemessen wurde und haben sich bestimmt bemüht, die Zügel locker in Anlehnung zu halten.

Die Untersuchung zeigt, daß eine konstante Verbindung zum Pferdemaul mit gleichbleibender Kraft physikalisch nicht möglich ist – mit jeder Sekunde ändern sich die Zugverhältnisse. Sie zeigt auch, daß jeder Reiter mit verschiedener Grundkraft reitet. Beim CAVALLO-Versuch war die Kraft beim Dressurreiter wesentlich höher als bei Reiter eins und zwei. Dabei täuscht das subjektive

Gefühl: Obwohl alle das Gefühl hatten, meist nur ein paar Gramm in der Hand zu halten, zeigt die Messung, daß es in Wahrheit bei vermeintlich leichter Hand Kilogramm sind.

Das Resumée, das von Cavallo und Dr. Falaturi gezogen wird, kann uns nicht ganz überzeugen, wenn sie schreiben:

„Je gleichmäßiger das Auf und Ab der Kurven, desto besser folgt die Hand dem Maul" sagt Falaturi – eine These, die die FN-Definition stützt.

Das ist physikalisch nicht logisch. Wenn die Hand dem Maul perfekt folgen würde, dürfte es überhaupt keine Ausschläge geben, und wenn gleichmäßige Lastwechsel von 5 bis 16 kg pro Sekunde gemessen werden, dann muß diese Energie – es sind kurze Schläge, die 3 mal pro Sekunde im Pferdemaul ankommen – irgendwo wirksam werden, und das ist zwischen dem Gebiss und dem Pferdemaul. Auch wenn diese Schläge gleichmäßig erfolgen, sind es harte Schläge, die Verletzungen hervorrufen können. Es kann keine Rede davon sein, daß es überhaupt möglich ist, dreimal pro Sekunde über einen längeren Zeitraum den Bewegungen des Pferdekopfes zu folgen. Das können Reiter mal besser und mal schlechter. Es führt die Cavallo-Autoren zum folgenden Schluß:

Dagegen kann ein Reiter zwar mit niedriger Grundkraft reiten, (Reiter zwei normaler Zügel) durch plötzliche Ruk-

ke das Pferd aber irritieren. Derselbe Effekt entsteht beim Annehmen loser Zügel, weshalb Zügel nicht schlackern sollen.

Die im Artikel abgebildeten Kurven lassen auch einen gegenteiligen Schluß zu: die beiden Freizeitreiter haben eine weichere Hand, da sowohl das Grundgewicht als auch die Ausschäge viel geringer sind als beim FN-Reiter, auch wenn sie den Bewegungen des Pferdes unregelmäßiger folgen können. Das könnte daran liegen, daß die beiden Freizeitreiter tatsächlich versuchen, den Bewegungen des Pferdes zu folgen, was natürlich nicht immer funktioniert und dann kommt es zu einzelnen hohen Ausschlägen. Der Dressurreiter versucht wahrscheinlich gar nicht den Bewegungen des Pferdes konsequent zu folgen, seine Ausschläge sind fast immer zwei bis dreimal so hart wie die des Reiters 2. Das würde bedeuten: Er hat eine relativ harte Handhaltung und die vielen Peaks in relativ gleicher Höhe sind nichts anderes als die gleichmäßigen Kopfbewegungen des Pferdes, die gegen den hart geführten Zügel prallen.

Ist versammeltes Reiten in Anlehnung also eine Illusion, ein Anspruch, dem vielleicht einige Ausnahme-Reiter gerecht werden, der aber weder von den Turnier-Weltmeistern noch vom durchschnittlichen Freizeitreiter erreicht wird? Indem hier eine ideale Meßlatte so hoch gelegt wird, daß kaum ein Reiter sie erreichen kann, haben wir das fürchterliche Resultat, daß alle Reiter, die diese Ansprüche ernst nehmen und für sich akzeptieren, davon überzeugt sein müßten, schlecht zu reiten und ihrem Pferd ständig etwas ganz Schreckliches anzutun. Natürlich wird dieser permanente Mangel verdrängt. Damit akzeptiert man einen individuellen Unterschied zwischen dem, was eigentlich nötig wäre und dem, was man selber erreichen kann. Die Folge ist ein unerträgliches Mittelmaß. Die Folge ist, daß man akzeptiert, daß Reiter ihren Pferden in den durchgedrückten Rücken fallen, ohne daß dies als Tierquälerei gebrandmarkt wird – denn es tun ja alle mehr oder weniger. Nehmen wir noch einmal die FN-Richtlinien zur Hand, in denen dieses Problem deutlich ausgesprochen wird:

Die Höhe der Aufrichtung steht in direkter Beziehung zum Versammlungsgrad und wird als relative Aufrichtung *bezeichnet.*

Ein am Zügel gehendes Pferd geht in relativer Aufrichtung, auch wenn die Hinterhand weniger belastet ist und das Pferd sich mit verhältnismäßig langem und wenig erhobenem Hals zeigt. Bei stärkerer Belastung der Hinterhand, also bei zunehmender Versammlung, wird die Vorhand entsprechend entlastet. Die Hinterhand senkt sich aufgrund der Hankenbeugung, und das Pferd erscheint dadurch aus der Schulter heraus größer, also insgesamt etwas bergauf.

Diese Hals- und Aufrichtformen ergeben sich bei richtiger Ausbildung von selbst.

Dagegen steht als fehlerhaft die sogenannte absolute Aufrichtung, *die überwiegend mit der Hand herbeigeführt wird. Dabei trägt sich das Pferd nicht selbst, sondern Kopf und Hals werden von der Hand des Reiters getragen, die Rückentätigkeit wird gestört und somit die Aktivität der Hinterhand eingeschränkt.* (Richtlinien für Reiten und Fahren, Band 1, Grundausbildung für Reiter und Pferd, FN-Verlag, S. 184)

Daß es überhaupt so etwas wie eine absolute Aufrichtung geben kann, liegt darin begründet, daß dem Pferd über das Gebiss derartige Schmerzen zugefügt wird, daß es, um dem Schmerz zu entkommen, den Hals zurückbeugt und den Kopf nach unten senkt. Viele Gebisse sind so geformt, daß genau dieser Effekt unterstützt wird. Indem die Zügel dann weiter verkürzt werden, wird diese unnatürliche Haltung verstärkt.

Dieser Effekt ist mit Bitless Bridle nur unter großer Kraftanstrengung zu erreichen und für den Reiter nicht weniger unangenehm wie für das Pferd. Das heißt im Umkehrschluß: wenn die richtige relative Aufrichtung ein selbstreguliertes Ergebnis der richtigen Ausbildung ist, wird das Pferd, wenn es sich selbst trägt, von alleine die Anlehnung an die Zügel suchen. Das wird es wahrscheinlich aber nur dann tun, wenn es mit dieser Anlehnung keinen Schmerz zu erwarten hat.

Das Bitless Bridle ist also, von seiner Funktion her, viel besser geeignet, Pferde in der richtigen relativen Aufrichtung in Anlehnung zu reiten als jede andere Form der Zäumung. Die korrekte Ausbildung des Pferdes und die angemessene Gymnastizierung kann und soll das Bitless Bridle auch nicht ersetzen, aber hier ergibt sich die Chance, eines der gravierendsten Probleme der Dressurreiterei auf eine ganz andere und viel erfolgversprechendere Weise zu erarbeiten.

Natürlich zeigt das Bitless Bridle hier kompromißlos, ob ein Reiter in der Lage ist, korrekt in Anlehnung zu reiten. Wenn die Möglichkeit wegfällt, das Pferd über die Schmerzen durch das Gebiss in der absoluten Aufrichtung zu reiten, werden die Probleme nicht auf einen Schlag gelöst, sondern erst einmal offenbart. Denn es scheint so zu sein, daß viele Reiter gar nicht wissen, daß sie in der falschen Aufrichtung reiten.

Das dieses Konzept nicht sofort auf große Gegenliebe bei manchen Reitern trifft, darf uns nicht überraschen, denn es bedeutet in vielen Fällen, daß es zu einer peinlichen, für alle Zuschauer offensichtlichen Enthüllung der wahren reiterlichen Qualitäten kommen kann. Und zweitens bedeutet es, daß viele Reiter mit ihren Pferden noch einmal von vorne anfangen müssen: gymna-stizieren, Volten reiten, longieren – das ganze Programm. Es ist viel Arbeit.

Wir haben viel zu wenig Erfahrung mit dem Bitless Bridle, um sagen zu können, daß hier tatsächlich die Lösung dieses Problems zu finden ist. Dies werden wir tatsächlich erst in einigen Jahren wissen, wenn Turnierreiter und Ausbilder in größerem Umfang qualifizierte Vergleiche anstellen können. Unsere eigenen Erfahrungen und die vieler weiterer Reiter weisen jedoch deutlich in diese Richtung.

Das Bitless Bridle in Verbindung mit einem Gebiss

Dieses Kapitel widerspricht eigentlich dem Titel dieses Buches, denn „konsequent gewaltfrei reiten" beinhaltet auch eine gewisse Kompromißlosigkeit, die Gewalt über die zusätzliche Benutzung eines Gebisses nicht wieder durch die Hintertür zu propagieren.

Dennoch wollen wir auch dieses Thema der Vollständigkeit halber darstellen, denn es gibt durchaus Gründe, sich damit zu beschäftigen.

Der erste Grund liegt in der Angst vieler Reiter, auf die Kontrolle über ein Gebiss zu verzichten und sich damit auf ein – in ihren Augen – unkalkulierbares Abenteuer einzulassen. Wir sind in einem anderen Kapitel auf diese Angst eingegangen. An dieser Stelle sei angemerkt, daß es durchaus möglich ist, für eine Übergangsperiode mit Gebiss und Bitless Bridle gleichzeitig zu reiten. Wir selber haben das noch nicht ausprobiert und auch von niemandem hier in Europa gehört, der diese Methode angewendet hätte. Dennoch wollen wir unseren Lesern die Haltung Dr. Robert Cooks zu diesem Thema zur Kenntnis bringen:

Von denjenigen, die der Wirksamkeit des Bitless Bridle nicht recht vertrauen können, und die sich dem gebisslosen Zustand vorsichtig annähern möchten, kann das Bitless Bridle mit Zügeln benutzt werden, während ein zweites Zügelpaar mit Snafflebit über dem Bitless Bridle angelegt wird. Auf diese Weise, und das entspricht eigentlich einer doppelten Zäumung, kann der Reiter lernen, auf das Bitless Bridle zu vertrauen im Wissen, daß immer eine Gebisszäumung vorhanden ist, falls er meint, daß dies notwendig ist. Unter diesen Umständen würden die Snafflebitzügel beim normalen Gebrauch lose bleiben, in etwa wie Kandarenzügel, die lose bleiben, wenn man eine traditionelle doppelte Zäumung benutzt. (...) Der Reiter kann nun das Gebiss in Ruhe lassen, es sei denn er meint, es sei nötig, es zu benutzen. Wenn der Reiter nun festgestellt hat, daß er mit den gebisslosen Zügeln genügend Kontrolle hat, können die Zügel und auch das Gebiss selber entfernt werden. (R. Cook, Users Manual)

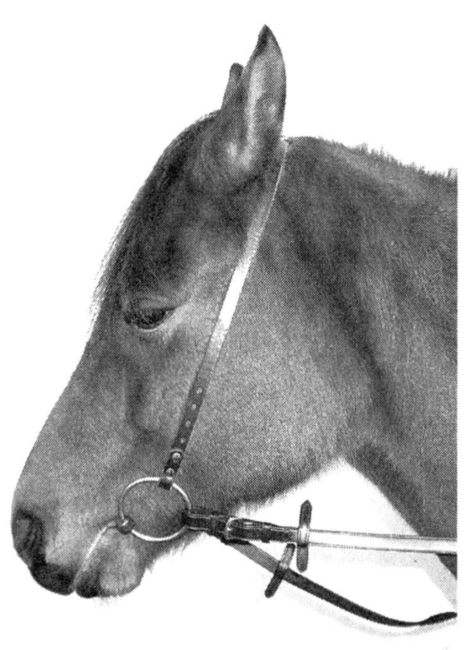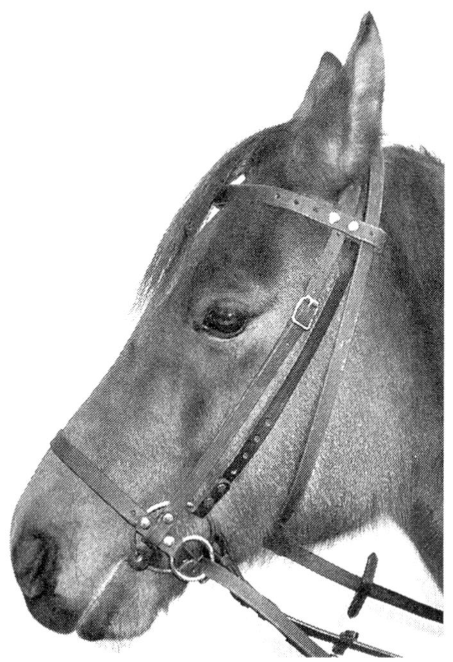

Um das Bitless Bridle in Kombination mit einem Gebiss zu verwenden, wird zunächst eine Gebisshalterung angelegt (möglichst ohne Kehlriemen, da dieser den Nackenriemen des Bitless Bridle behindern könnte). Dann wird das Bitless Bridle darüber angelegt. Man reitet also mit zwei Zügelpaaren wie bei einem Kombinationsgebiss. Die Trensen-Zügel können als „Sicherheitszügel" durchhängen. Sie werden auf dem Hals abgelegt und nur aufgenommen, wenn es dem Reiter absolut notwendig erscheint.

Vielleicht hat diese Methode den Vorteil, daß sich auf diese Weise auch diejenigen Reiter auf das Bitless Bridle einlassen können, die einer gewaltfreien Variante nicht prinzipiell ablehnend gegenüberstehen, aber Bedenken haben, wie das Pferd reagieren würde. Dennoch: es klingt irgendwie gemogelt. Wir haben bisher von keinem einzigen Fall gehört, in dem es beim Versuch, das Bitless Bridle zu benutzen, zu ernsthaft gefährlichen Situationen gekommen wäre. Andererseits gab es einige Reiter, die behauptet haben, ihre Pferde *bräuchten* eine harte („konsequente") Zügelhand. Würde es etwas ändern, wenn diese Reiter neben dem Bitless Bridle auch noch das Gebiss benutzen? Vielleicht wird es ja mit dieser Methode einigen Pferden gelingen, Ihre Reiter eines Besseren zu belehren. Der andere Grund, warum man ein Bitless Bridle zusammen mit einem Gebiss benutzen könnte, wäre der, daß Reiter auf diese Weise auch mit Bitless Bridle an Turnieren teilnehmen könnten, wenn sich Preisrichter und Juroren auf dieses Verfahren einlassen. Ob und unter welchen Bedingungen dies möglich ist, müßte tatsächlich vor Ort auf den einzelnen Turnieren entschieden werden, denn dies „auf dem Dienstweg" zu entscheiden, indem diese Lösung den verschiedenen Entscheidungsgremien der Reitverbände vorgestellt wird, dürfte eine langwierige und wahrscheinlich auch frustrierende Erfahrung werden. Sicher ist es hier einfacher, das Bitless Bridle als Kombinationszäumung mit einem Gebiss als Selbstverständlichkeit vorzustellen, entweder, indem ein Zügel verwendet wird, der zuerst von außen nach innen durch die Ringe des Gebisses und dann durch die Ringe am Nasenriemen geführt wird, oder indem neben dem Bitless Bridle ein zusätzliches vollständiges Gebiss mit Zügeln verwendet wird, die dann einfach in Ruhe gelassen werden.

All diese Lösungen entprechen natürlich nicht den Turnierregeln und dürften, wenn überhaupt, lediglich mit einem Augenzwinkern als Ausnahme von gutgestimmten Juroren akzeptiert

werden. Spätestens, wenn ein Reiter mit Bitless Bridle/Gebiss-Kombination einen wichtigen Titel erringt, wird es möglicherweise Ärger geben.

Wir haben von einem Fall gehört, in dem ein Reiter in einem Tunier den ersten Preis gewonnen hatte. Daß er gebisslos geritten war, war der Jury entgangen, und so wurde ihm der Preis wieder aberkannt.

Andererseits haben wir von einem Gestüt in Sachsen gehört, das eine Ausnahmeregelung erreicht hat, auf Dressurprüfungen gebisslos antreten zu dürfen.

Die bessere Lösung wäre es, langfristig auf eine Änderung der jeweiligen Turnierregeln zu drängen. Dazu müßte es jedoch erst einmal Turnierreiter geben, die ganz praktisch zeigen können, daß es möglich und wahrscheinlich schöner ist, alle Aufgaben auch mit Bitless Bridle zu reiten. Vielleicht sollte also besser gewartet werden, bis es Reiter gibt, die das exakte Reiten mit Bitless Bridle demonstrieren können, bevor man hier die Pferde scheu macht und bei den Verbänden negative Entscheidungen provoziert, die dann eventuell jahrzehntelang gültig sind.

Wenn es nur darum geht, den jeweiligen Turnierregeln zu entsprechen, gibt es jedoch auch eine einfachere Lösung. Wir haben selber festgestellt, daß manche Pferde, die eine zeitlang mit Bitless Bridle geritten wurden, unproblematisch auf das erneute Anlegen des Gebisses reagieren, wenn der Reiter inzwischen gelernt hat, die Zügel nur für feinste Signale zu nutzen. Hier lohnt es sich also, die Reaktion eines jeden Pferdes zu erkunden. Wer also auf die Turniererfolge angewiesen ist und dies nicht nur zum Zeitvertreib macht, für den ist diese Lösung wahrscheinlich die bessere. Man kann alle Übungen mit Bitless Bridle einüben und dann mit Gebiss vorführen, wenn das Pferd in der Lage ist, beide Signalweisen umzusetzen (und dann noch einmal im inoffiziellen Teil mit Bitless Bridle für das interessierte Publikum.)

Noch ist das Reiten mit Bitless Bridle eine recht exotische Außenseiter-Erscheinung und noch nicht die Aufregung wert, daß man dafür die Satzungen oder Turnierregeln der Reitverbände ändern müßte. Das würde sich erst ändern, wenn der Gedanke des gewaltfreien gebisslosen Reitens mit Bitless Bridle eine breite Bewegung im Reitsport wird. Und auch dann wird es mit Sicherheit viele Grundsatzdiskussionen und deutliche wie versteckte Interessenkonflikte geben, z.B. mit den Sponsoren der Turnierveranstaltungen. Reitsportverbände sind zudem weniger dafür bekannt, sich Neuerungen gegenüber besonders aufgeschlossen zu zeigen. Vorerst können wir nicht davon ausgehen, daß in den Vorständen der Reitsportverbände Verfechter des gebisslosen Reitens sitzen werden. Erfahrungsgemäß reagieren jedoch Menschen, die über die Freiheit anderer entscheiden um so negativer, je weniger sie in der Lage sind, diese Freiheit selber zu leben.

Erfahrungen mit dem Bitless Bridle

'Wir verbeißen uns oft derartig in ein bestimmtes Ziel oder verlassen uns so sehr auf eine Technik oder Methode, dass ein Teil von uns – der Teil, der uns für das Pferd vertrauenswürdig macht – nicht mehr zu erkennen ist. Wir können das Pferd nicht zwingen, uns zu vertrauen. So herum funktioniert es nicht. Vertrauen ist etwas, was man sich verdienen muss. Meine Erfahrung hat mir aber gezeigt, dass alle Ziele so viel einfacher zu erreichen sind, sobald dieses Vertrauen erst einmal besteht. Schließlich und endlich haben wir nur uns und unsere Pferde. Daran ändert keine Technik, kein Hilfsmittel, kein Lederzeug etwas.'

Mark Rashid, „denn Pferde lügen nicht"

Die Chance einer neuen Begegnung

Die Erfahrungen der ersten Monate mit dem Bitless Bridle ergeben: Pferde reagieren um so besser, je feinere Zügelhilfen mit dem Bitless Bridle gegeben werden. Die Signale an das Pferd können – ja müssen – ganz erheblich zurückgenommen werden.

Wir waren und sind sehr daran interessiert, herauszubekommen, *warum* das Bitless Bridle bei den meisten Pferden sehr gut und bei manchen nicht oder eher eingeschränkt funktioniert. Wir erkennen dabei immer mehr, daß das Bitless Bridle vor allem bei den Reitern funktioniert, die zu ihrem Pferd Vertrauen haben und Dominanz ausüben, die nicht ängstlich sind, und die nicht hart reiten. Offenbar ist die Einstellung der Reiter wichtiger, als die jeweiligen Probleme der Pferde.

Das erste Ergebnis: diejenigen Reiter, die mit straffer Zügelspannung reiten, die versuchen, seitliche Einwirkungen durch Ziehen an einem Zügel zu erreichen und die versuchen, das Genick des Pferdes herunterzuziehen, sind eher enttäuscht.

Durchweg gute Erfahrungen machen Reiter, die bereits gelernt haben, über die Zügel mit nur sehr feinen Impulsen zu reiten. Sobald das Pferd auf ein Signal reagiert hat, wird es zurückgenommen, bis die Bewegungen des Zügels fast ummerklich sind. Letztlich müssen Signale nur noch „gedacht" werden, weil der Körper des Reiters auch diese in feinen, unbewußten Bewegungen umsetzt. Das sind keine exotischen Theorien eines Reitgurus, sondern ganz praktische Erfahrung vieler „normaler" Reiter.

Interessant ist es zu überlegen, warum das Bitless Bridle offenbar zu viel feineren Signalgebungen in der Lage ist. Unsere These: Die Pferde – auch alte, lange mit Gebiss gerittene „sture" Pferde – reagierten auch auf die allerfeinste Bewegung über den Nackenzügel des Bitless Bridle. Da fast alle Pferde die Erfahrung gemacht haben, daß das Gebiss im Maul schmerzhaft als Strafe eingesetzt wird (dazu genügt ein einmaliger Schmerz), entwickeln auch die scheinbar „normal" auf das Gebiss reagierenden Pferde eine innere Abwehr, die sich als Stumpfheit oder Trägheit gegenüber dem Gebiss äußert. Sie sind dann gewohnt, erst auf relativ grobe Hilfen zu reagieren.

Wenn sie auf das Bitless Bridle umgestellt werden, stellen Pferde sehr schnell fest, das diese Schmerzquelle im Maul nun nicht mehr existiert. Wenn Reiter nun die Zügelhilfen in derselben Schärfe wie zuvor beim Gebiss weiterverwenden, werden viele Pferde verständlicherweise mit Abwehr oder Verweigerung reagieren. Oder anders ausgedrückt: sie können es sich nun leisten, straflos ihren Unwillen gegenüber zu harten Signalen zu zeigen. Das Pferd kann ohne Angst vor Schmerz deutlich zeigen, wie fein und leicht die Zügelhilfen sein können. Und alle Reiter, die diese Erfahrung machen, sind überrascht, wie weit die Hilfen zurückgenommen werden können.

Leider lassen manche Reiter diese Chance, auf einer neuen, unbelasteten Ebene ihrem Pferd sanft zu begegnen, ungenutzt verstreichen. Bei manchen Zäumungen, die wir kommentarlos oder mit der Bemerkung „funktioniert nicht" zurückbekommen, ist das Nakkenseil dort, wo es durch die Ringe am Nasenriemen läuft, geradezu breitgescheuert. Manche mußten wir austauschen, weil sie schwer beschädigt waren - nach einer Testnutzung von maximal 14 Tagen! Bei unseren Zäumungen ist diese Stelle auch nach Monaten

unbeschädigt. Wir sehen daran, daß das Bitless Bridle nicht mit Gewalt benutzt werden darf. Und was „Gewalt" ist, entscheidet das Pferd.

Wir haben das Bitless Bridle bei den verschiedensten Pferderassen ausprobiert, bei alten Pferden und bei Pferden, die damit frisch eingeritten wurden. Ob es funktioniert oder nicht, liegt einzig am Reitstil, mit dem es genutzt wird.

Oft sind Pferde durch jahrelang falsche Behandlung stumpf, unbeteiligt oder gar aggressiv und tendentiell gefährlich. Den Reitern dieser armen Geschöpfe können wir auch mit dem Bitless Bridle kein Zaubermittel an die Hand geben. Hier muß an den Ursachen gearbeitet werden und schwere Entwicklungsfehler kann man nicht mit einem neuen Ausrüstungsteil wiedergutmachen. Doch auch gerade diesen geschundenen Wesen wünschen wir verantwortungsvolle Besitzer, die bei allen Maßnahmen nicht vergessen, daß viele Pferde über scharfe Gebisse und deren unsachgemäße Anwendung die größten Leiden zugefügt worden sind.

Ursache und Wirkung erkennen
Wie das Bitless Bridle bei Reitproblemen helfen kann

Wenn wir hier über Reit- und Pferdeprobleme schreiben, beschreiben wir notgedrungen vor allem eine Ebene auf der die Probleme so massiv geworden sind, daß die Pferde sich verweigern oder derart wehren, daß wir Menschen gezwungen werden, etwas zu tun. Meist versuchen wir, etwas „dagegen" zu tun. Besser und vernünftiger wäre es, etwas „für" die Pferde zu tun, d.h. es gar nicht so weit kommen zu lassen.

Weil die Hintergründe dieser Probleme sehr vielfältig sind, können wir unmöglich behaupten, daß die Umstellung auf Bitless Bridle in jedem Fall hilft. Da durch Gebisse und ihre unsachgemäße und sachgemäße Anwendung jedoch viele vermeidbare Probleme entstehen, ist die probeweise Umstellung auf Bitless Bridle eine einfache und verhältnismäßig kostengünstige Möglichkeit, herauszufinden, ob das Gebiss nicht vielleicht doch im konkreten Fall eine der akuten Hauptstörfaktoren ist. Da sich die Signalgebung mit Bitless Bridle fast gar nicht von der Reitweise mit dem Gebiss un-

terscheidet, ist bei der überwiegenden Mehrheit der Pferde mit gar keiner oder nur mit minimaler Umstellungsarbeit zu rechnen.

Natürlich gibt es auch Fälle, in denen das Bitless Bridle nicht oder eingeschränkt funktioniert. Dieser Problematik haben wir ein Extrakapitel gewidmet.

Unsere Erkenntnisse mit der Umstellung von Pferden auf das Bitless Bridle halten sich in Grenzen, weil wir erst etwas mehr als ein Jahr damit Erfahrungen sammeln konnten. Wir möchten daher auch hier ausdrücklich auf die Erfahrungen hinweisen, die Prof. Cook im Verlauf von sechs Jahren gemacht hat. In seinem Artikel „THE EFFECT OF THE BIT ON THE BEHAVIOUR OF THE HORSE", den er ebenfalls auf seiner Webseite veröffentlicht hat, berichtet er davon, daß er im Verlauf von sechs Jahren 440 schriftliche Berichte von Reitern ausgewertet hat, die von Gebissen auf Bitless Bride umgestellt haben. Er schreibt:

Essentially, the comparison was between an invasive and painful method of control (a bitted bridle) and a non-invasive and painless method (a bitless bridle). The unprecedented opportunity to switch a horse, overnight, from bitted to bitless control revealed many new and serious manifestations of the syndrome 'aversion to the bit.' The survey demonstrated that the bit is responsible for at least 50 problems. The four most frequently cited effects were to instill fear, to make the horse fight back, to trigger a flight response, and to cause facial neuralgia (headshaking). These and other behavioural effects were associated primarily with oral pain. However, the responses were not limited to the oral cavity, for they included a whole cascade of systemic effects. Predominantly, these involved the nervous system and resulted in adverse behavioural responses (58%). Musculoskeletal system effects interfered with locomotion (26%) and respiratory system effects caused dyspnoea (16%). It was concluded that a bit is harmful to the health and safety of both horse and rider, and an impediment to performance.

Im Wesentlichen war es ein Vergleich zwischen einer invasiven (angreifenden) und schmerzhaften Methode der Kontrolle (Gebiss-Zäumung) und einer nicht-invasiven, schmerzfreien Methode (Bitless Bridle). Die nie dagewesene Möglichkeit, ein Pferd sozusagen über

Nacht von einer Gebiss-Steuerung auf eine gebisslose Steuerung umzustellen, enthüllte viele neue und schwerwiegende Erscheinungsformen des Syndroms „Widerwillen gegenüber dem Gebiss". Die Umfrage zeigte, daß das Gebiss für mindestens 50 Probleme verantwortlich ist. Die vier am häufigsten angeführten Effekte waren: Furcht, das Pferd wird veranlasst, anzugreifen, ein Fluchtimpuls wird ausgelöst und die Verursachung von Nervenentzündungen (facial neualgia) und damit Headshaking. Diese und andere Verhaltensauffälligkeiten standen vor allem in Verbindung mit Schmerzen im Maulbereich. Die Reaktionen waren jedoch nicht auf den Bereich der Maulhöhle beschränkt, da sie eine ganze Kaskade systemischer Effekte beinhalteten. Diese bezogen sich vor allem auf das Nervensystem und resultierten in Abwehrverhalten (58%). Wirkungen auf das Muskel- und Skelettsystem behindern die Beweglichkeit (26%) und Auswirkungen auf das Atmungsapparat verursachen Atemnot (16%). Damit ging die Erkenntnis einher, daß das Gebiss sowohl für die Gesundheit des Pferdes wie auch die des Reiters gefährlich ist und die Leistungsfähigkeit einschränkt.

Die Vorgehensweise Prof. Cooks, Erfahrungsberichte seiner Kunden in dieser Weise auszuwerten, mag ungewöhnlich sein. Auf die mögliche Kritik, daß es sich hier um anekdotenhafte Einzelberichte handelt, geht er mit verschiedenen Argumenten ein: *Es sind*

Erfahrungen aus erster Hand, d.h. Reiter und Pferdebesitzer können Verhaltensänderungen am besten beurteilen und im allgemeinen stehen sie den versprochenen Eigenschaften neuer Ausrüstungsteile eher kritisch gegenüber. Außerdem haben sie selber keinerlei Vorteile, wenn sie positive Berichte abgeben. Da die Reiter ihre Pferde mit und ohne Gebiss unter denselben Bedingungen beurteilen konnten und die Verhaltensänderungen in den meisten Fällen derart unmittelbar und bemerkenswert waren, gab es eher wenig Anlaß, an den Berichten zu zweifeln. Außerdem haben Reiter auch zu Kontrollzwecken wieder das Gebiss verwendet, wobei die alten Verhaltensweisen wieder auftraten.

Wir glauben, daß dieses wissenschaftlich eher ungewöhnliche Verfahren zumindest ein deutliches Schlaglicht auf die Gefahren und negativen Wirkungen von Gebissen werfen kann und daß andere Wissenschaftler und Veterinärmediziner sich dadurch aufgefordert fühlen sollten, eigene Forschungen in diese Richtung zu unternehmen. Natürlich kann man Prof. Cook den Vorwurf machen, daß er durch die Vermarktung des Bitless Bridles zu einer einseitig positiven Sicht neigen könnte. Die Art der Veröffentlichung seiner Artikel hat dann auch tatsächlich oft den Charakter von Werbebotschaften.

Man muß ihm jedoch zugute halten, daß er, nachdem er ein Leben lang über Probleme der Pferdegesundheit geforscht hat, nun mit über 70 Jahren auch „Nägel mit Köpfen macht" und tatsächlich etwas gegen das Leid der Pferde unternimmt. Es ist ihm hoch anzurechnen, daß er seinen gesamten wissenschaftlichen Ruf als einer der führenden Veterinäre der USA in die Waagschale wirft, um tatsächlich etwas Entscheidendes für die Veränderung der Verhältnisse, d.h. für eine konkrete Verhaltensänderung *der Reiter* zu tun. Da unsere Gesellschaft nun einmal vorwiegend marktwirtschaftlich organisiert ist, ist seine Idee die entsprechende Ausrüstung selber zu vermarkten und damit eine schnelle Verhaltensänderung bei den Pferdebesitzern zu bewirken, nur konsequent und der Erfolg gibt ihm hier auch recht. Nur mit wissenschaftlichen Vorträgen, Büchern und anderen neutralen Aufklärungsmethoden würden Veränderungen möglicherweise Jahrzehnte länger dauern.

Wir haben selber inzwischen begonnen, Erfahrungsberichte von Benutzern der Bitless Brides anzufordern und zu veröffentlichen. Da wir seit einem Jahr (seit Mitte 2001) Bitless Bridle zu Testzwecken verliehen haben, gibt es ein Potential, Erfahrungen zu dokumentieren.

Wir werden an dieser Stelle nur auf die offensichtlichsten Verhaltensauffälligkeiten eingehen, die immer wieder von Reitern berichtet werden und die wir überwiegend auch selber beobachtet haben.

Angstreaktionen sind diejenigen Verhaltensauffälligkeiten, die uns am häufigsten begegnen. Das fängt schon beim Auftrensen an, eventuell sogar schon vorher, wenn Pferde die Trense zu sehen bekommen oder das Klappern des Metalls hören. Die Pferde reißen den Kopf hoch, weigern sich, das Maul zu öffnen. Auffällig ist der angstvolle Blick, die aufgerissenen Augen und die oft nervösen Bewegungen bis hin zu Panik. Aber es gibt auch weniger spektakuläre Anzeichen für Angst vor der Trense. Pferde weichen ein, zwei Schritte zurück, wenn sie aufgetrenst werden sollen, um es dann doch zu akzeptieren, wenn man sie am Halfter nimmt, oder sie legen die Ohren an oder schlagen mit dem Schweif, ohne weitere Gegenwehr zu zeigen und weigern sich ein, zwei Versuche lang, das Maul zu öffnen. Viele Reiter haben sich angewöhnt, diese Zeichen von Unwillen zu ignorieren und für „normal" zu halten. Es sind Signale der Pferde, die mit ihren Zeichen genauso ernst genommen werden sollten wie die Reiter möchten, daß ihre Signale von ihren Pferden verstanden werden.
Und dann sind es bisweilen „kleine" Gedankenlosigkeiten, wie das Auftrensen im Winter ohne das Gebiss anzuwärmen. Mal ehrlich, möchten Sie im Winter ein eiskaltes Stück Metall in den Mund geschoben bekommen? Warum sollte Ihr Pferd das wollen?
Eine andere Unachtsamkeit ist es, das Gebiss beim Abtrensen einfach aus dem Maul fallenzulassen, so daß es gegen die Schneidezähne schlägt.
Es wird immer wieder berichtet, daß Pferde, die alle möglichen Aktionen unternommen haben, sich gegen das Auftrensen zu wehren, überhaupt kein Problem damit haben, den Kopf bereitwillig in das Bitless Bridle hineinzustecken.
Das Angstverhalten setzt sich fort, indem Pferde beim Aufsitzen zu zittern beginnen oder nicht stehen bleiben, ein durchaus gefährliches Verhalten, weil der Reiter in dieser Situation keinerlei Kontrolle über das Pferd hat. Sicher haben viele Pferde die Erfahrung gemacht, daß sich unvorsichtige Reiter am Zügel festgehalten haben oder sofort nach dem Aufsitzen – noch in der Unruhe bevor ein sicher, ruhiger Sitz erreicht wurde – als erstes die Zügel in die Hand nehmen und dem Pferd damit ein erstes schmerzhaftes Erlebnis bescheren. Besonders Kinder und Reitanfänger gehen hier oft aus Unwissenheit alles andere als sanft vor und mit Sicherheit liegt in der unvorsichtigen Zügelhaltung die deutliche Angst vieler Pferde gegenüber Kindern und Reitanfängern begründet.
Nachdem wir etwa anderthalb Jahre lang selber mit Bitless Bridle geritten sind und deutliche Verhaltensänderun-

gen feststellen konnten, können wir den Angstausdruck vieler Pferde unter ihren Reitern erkennen, auch wenn diese meinen, daß „alles in Ordnung" sei. Die Angst ist in den Augen zu sehen, in der Maulhaltung, den hektischen Bewegungen und der Schweifhaltung. Viele Pferde schwitzen stark vor Angst und sie schreien mit allen Ausdrucksformen, die ihnen ihre Natur zubilligt: „Hoffentlich ist das alles schnell vorbei!"

Da Pferde keine Schmerzlaute haben, zeigen sie ihre Schmerzen über andere Wege, die dem aufmerksamen Beobachter eigentlich auffallen müßten: aufgerissenes Maul, verbissene schmale Lippen, Schweifschlagen, das Hochreißen und zur Seite Reißen des Kopfes sind die augenfälligsten Schmerzreaktionen. Aber auch eine allgemeine Berührungsempfindlichkeit am Kopf und am Hals, unruhiger Blick und Unaufmerksamkeit gegenüber den Signalen des Reiters können Ausdruck von Schmerz sein, der die Aufmerksamkeit des Pferdes ablenkt. Wer sein Pferd kennt, wenn es freudig und aufmerksam mitarbeitet, wird auch Lustlosigkeit und allgemeine Unmotiviertheit als Ausdruck von Schmerz erkennen.

Die Steigerung von Angstreaktionen sind Fluchttendenzen, die sich darin äußern, daß sehr viele Pferde „vor etwas davonzulaufen" scheinen und vor allem im Trab und Galopp ständig mit dem Gebiss gebremst werden, (sie werden geriegelt) womit eine der wichtigsten Ursachen für das Wegrennen ständig verstärkt wird. Es wird immer wieder berichtet, daß Pferde, die mit Gebiss kaum zu halten waren, mit Bitless Bridle sogar getrieben werden müssen. Diese Verhaltensänderung ist oft dramatisch und für manche Reiter nicht zu begreifen, die geglaubt haben, ihr Pferd sei von Geburt an ein Renner.

Aber Fluchtreaktionen können durchaus gefährliche Dimensionen bekommen, wenn Pferde gegen die Bande laufen oder auf dem Heimweg nicht mehr zu bremsen sind.

Manche Pferde scheinen so sensibel und „auf dem Sprung" zu sein, daß Reiter jederzeit mit unkontrollierten Fluchtreaktionen rechnen und mit ihrer eigenen Anspannung die Nervosität und Fluchtbereitschaft ihres Pferdes förden. Dann beginnt ein Teufelskreis von Angst, Flucht und Mißtrauen.

Das Fehlen von Kooperationsbereitschaft ist dann auch eine der am häufigsten beobachteten Schwierigkeiten, die allzuoft in eine Schraube der Verständnislosigkeit zwischen Pferd und Reiter mündet. Bei sehr vielen Reitern besteht die Tendenz, dem Pferd zu unterstellen, es sei faul, wolle den Reiter „verarschen" etc. Oft werden dem Pferd sehr schnell niedere, feindliche quasi „menschliche" Motive unterstellt, denn die Alternative – herauszufinden worunter das Pferd tatsächlich leidet – ist oft mühsam und für den Reiter wenig schmeichelhaft. Ganz allgemein könnte man sagen, daß ein Reiter, der einem kooperationsunwilligem Pferd Böswilligkeit unterstellt, seine eigenen unbewußten Motive auf das Pferd projiziert.

Die nächste Stufe wäre dann die offene oder versteckte Agression von Pferden gegenüber ihren Reitern, beginnend mit angelegten Ohren beim Auftrensen und Aufsteigen und angedeuteten oder tatsächlichen Beiß-Attacken gegenüber dem Reiter. Die Skala der Agressionen hat nach oben keine Grenze bis hin zum Buckeln, Abwerfen, gegen-die-Bande-Rennen und Treten.

Reiter reagieren hier leider oft unvernünftig, wenn sie daraufhin schlagen, schreien oder gar Bestrafungs-Aktionen durchführen. Viele Reiter reagieren dann, indem sie „aufrüsten" und zu immer schärferen Gebissen, zu Sporen und Gerte greifen, um nur noch irgendwie die Führung auf dem Pferderücken zu behalten.

Das gewaltfreie Reiten mit dem Bitless Bridle könnte eine gewaltige Wende im Reitsport bedeuten. Es könnte sein, daß, wenn das Hauptproblem – die Gewalt – jedes einzelnen Reiters lösbar erscheint, auch alle anderen auftretenden Probleme ebenso aus dem Blickwinkel der Pferde betrachtet und mit den Pferden (nicht gegen sie) ge-

löst werden können.

Während Begriffe wie „Natural Horsemanship" und „Pferdeflüsterer" leider auch eine gewisse Distanz vermitteln, weil darin die Unerreichbarkeit eines idealen, fast mythischen Zustands und damit eine neue, sehr hohe idealistische Anforderung mitschwingt, ist das gewaltfreie Reiten mit Bitless Bridle etwas, was für jeden Reiter – ob Reitanfänger oder Turnierreiter – sofort und ohne größeren Aufwand umsetzbar ist.

Erfahrungsberichte

Seit Oktober 2001 verleihen wir Bitless Bridles jeweils 14 Tage lang zum ausgiebigen Testen und bitten die Testreiter unverbindlich um einen Erfahrungsbericht.

Die Berichte werden hier und auf der Webseite anonymisiert wiedergegeben. Wir können jedoch versichern, daß alle Berichte echt sind und sich die Originale bei uns befinden.

Ich benutze Ihr Bitless Bridle nur im Gelände und habe das Gefühl, mein Pferd läuft noch gelassener, zufriedener und reagiert mehr auf Stimme – der Test war sehr positiv.

Ich war mit dem Bitless Bridle wirklich sehr zufrieden. Ich habe seit 3 Jahren ein Pferd (Warmblut) und bin seitdem auf der Suche nach einer geeigneten nicht so scharfen gebisslosen Zäumung, da mein Pferd eine Abneigung gegen Gebisse hat. Er kommt ursprünglich aus dem Springturniersport und ließ sich anfangs gar nicht auftrensen. Er kommt lediglich mit einem Ledergebiss ganz gut zurecht. Ein Sidepull beeindruckt ihn wenig, mit einem

Pat Parelli Knotenhalfter läßt er sich auch gut reiten – aber damit traue ich mich nicht ins Gelände. Um so erfreuter bin ich über das Bitless Bridle – damit geht mein Pferd wirklich einwandfrei – auch im Gelände.

Unsere Stute wurde bereits mit dem Knotenhalfter geritten, aber sie reagiert auf das Bitless Bridle viel besser, besonders was die seitliche Einwirkung angeht.

Ich habe eine 12 jährige Thüringer Stute, die ich vor einem halben Jahr gekauft habe. Sie ist vorher als Schulpferd in der Abteilung gegangen. Trotzdem reagiert sie sehr gut auf Schenkel- und Gewichtshilfen, allerdings will sie sich nach ca. 1/2 Std. dem Gebiss entziehen, was ziemlich nervig war. Im Gelände ist sie recht ruhig, geht aber flott und ist öfters mal recht schreckhaft. Nachdem ich im Cavallo den Artikel über Gebissloses Reiten gelesen habe, habe ich sofort den kostenlosen Test angefordert.

Eigentlich wollte ich beim ersten Mal in die Halle gehen und in Ruhe die neue

Trense ausprobieren. Allerdings war in der Halle so viel los, dass ich kurzentschlossen einfach ins Gelände gegangen bin.

Ich reite seit 20 Jahren Dressur, natürlich immer mit Gebiss und kam mir die ersten Minuten irgendwie komisch vor. Auch meine Süsse war irgendwie etwas verwirrt, bis sie gemerkt hat, dass sie einfach ganz normal gehen muss. Sie ist so normal wie immer gegangen, ich habe überhaupt keinen Unterschied gemerkt, außer dass sie viel entspannter gegangen ist.

Einige Tage später dann in der Halle ist sie auch super gegangen. Heute im Gelände ist sie einmal sehr erschrocken, hat auf dem Absatz kehrt gemacht und ist losgaloppiert, aber schon nach ein paar Metern habe ich sie wieder einfangen und beruhigen können, so dass wir in aller Ruhe unseren Ausritt fortsetzen konnten.

Ich bin super zufrieden mit der Gebisslosen Trense und werde mir auch eine in Leder bestellen. Mein Pferd reagiert viel besser auf Schenkel- und Gewichtshilfen und was viel wichtiger ist, sie geht total entspannt und will sich nicht mehr entziehen.

Ich kann's also jedem nur empfehlen!!!

Ich hatte in 14 Tagen leider nur einmal die Möglichkeit, das Bitless Bridle auszuprobieren. Ich war einfach super zufrieden. Da mein Pferd mir nun endlich mehr Aufmerksamkeit zukommen lassen konnte als mit dem Gebiss, kamen meine Hilfen viel besser rüber und mein Pferd lief die ganze Zeit total entspannt und zufrieden. Das hätte ich mir nie erträumen lassen. Danke! Iris S.

Wir haben zwei WB-Stuten (Mutter 9j./ Tochter 3j.), von denen ich die 9jährige Stute bereits vorher mit Halfter ritt. Sie läuft mit dem Bitless Bridle sehr gut, ist präziser als mit Halfter zu reiten. Die 3jährige Stute wurde in diesem Sommer mit Trense angeritten, nimmt diese aber sehr ungern. Der Test mit Bitless Bridle verlief nicht ganz so erfolgreich wie bei der älteren Stute, da die jüngere beim Alleinritt stark in Richtung Heimat drängt, so daß sich das Gurtband (verlängerter Zügel) oft zurchzog. Trotzdem werde ich mit Bitless Bridle reiten. M.R.

Mein Isländer ließ sich sehr gut mit der Zäumung reiten und durchparieren. Der Tölt ist uns aber nicht gut gelungen. – vielleicht mit mehr Übung...? Vielen Dank für die Möglichkeit das B.B. ausprobieren zu dürfen. V.L.

Mein Pferd ein „töltender Traber" kam sofort mit dem Bitless Bridle zurecht. Das Galoppieren im Gelände fällt ihm deutlich leichter. Außerdem zeigte er beim Reiten mit Gebiß immer seine Zähne und seine Zunge, das tut er jetzt nicht mehr. MB

Guten Tag

Vor einiger Zeit habe ich bei Ihnen das Bitless-Bridle bestellt und meine CH-Stute und ich sind davon absolut begeistert...

Allgemein bin ich eher skeptisch, was solche „Neuen Sachen" angeht, aber diese Zäumung hält wirklich, was versprochen wird!

Ich reite meine Stute seit über 10 Jahren mit einer dicken, doppelt gebrochenen Wassertrense. Bei der konzentrierten Arbeit kommt es vor, dass die Stute jeweils die Zunge einseitig aus dem Maul hängen lässt. Kein Ausbilder konnte mir jedoch den Grund dafür sagen. Das Pferd hat ein mittleres Temperament, ist kein Durchbrenner und absolut vertraut mit mir.

Zuerst haben wir die Zäumung mehrmals im Paddock ausprobiert, an der Longe und sind damit spazieren gegangen. Aber auch der 1. Ritt im Gelände verlief ohne Probleme. Ich habe echt gestaunt, denn beim Antraben oder Angaloppieren musste ich sonst eher erst mal bremsen, aber gebisslos läuft mein Pferd ganz entspannt und ruhig, muss teilweise eher getrieben werden... Speziell das Galoppieren am losen Zügel gefällt uns sehr, ohne Zug oder Hektik macht es doch gerade doppelt so viel Freude.

Die Mimik und das Lippenspiel ist wirklich ganz anders (wie in anderen Beiträgen erwähnt), ich nehme an, dass diese Zäumung dem Pferd liegt und es sich sehr wohl fühlt damit. Auch in etwas „kritischen" Situationen hat sich das Bitless-Bridle bisher bewährt, keine andere Reaktion meiner Stute als beim Reiten mit Gebiss.

Wir werden auf jeden Fall damit weiter arbeiten und haben die Reitweise auch entsprechend angepasst.

Begeisterte Grüsse aus der Schweiz, P. F.

Einen wunderschönen Guten Tag,
ich bekam vorige Woche das Bitless Bridle von Ihnen zur Probe zugesandt. Ich habe es natürlich sofort am nächsten Tag getestet, allerdings mit einem etwas mulmigen Gefühl, denn ich besitze einen Traber und dieser ist wahrlich nicht unbedingt leicht zu händeln. Ich habe schon einige Gebissarten durchprobiert, aber immer mit mäßigem Erfolg, teilweise katastrophalen Ergebnissen (Kopfschlagen, Zunge über das Gebiss legen, völliges nervöses Verhalten meines Pferdes).

Nun sollte also die „Stunde der Wahrheit" für uns beide schlagen. Ich muss sagen, ich bin völlig beeindruckt und angenehm überrascht, dass selbst mein Pferd damit besser zu reiten ist, als mit Gebiss. Die Hilfen kommen exakter und deutlicher bei ihm an, kein Kopfschlagen mehr, er ist sehr aufmerksam und arbei-

tet gut mit. Ich kann ihn sogar besser kontrollieren als mit Gebiss. Meine Freundin konnte ich auch davon überzeugen, ihren Traber, den sie seit gut 8 Jahren mit Pelham reitet, mit dem Bitless Bridle zu reiten. Und auch sie war schwer begeistert. Sie hat sich immer gewünscht, ihrem Pferd was Gutes zu tun und ihn gebisslos zu reiten, aber es funktionierte nie wirklich. Aber auch ihr „alter" Traber wird wohl nun noch ein paar tolle Jahre ohne Gebiss im Maul zubringen dürfen. Der große Geländetest steht nun diese Woche noch aus, aber ich bin guter Dinge und denke, dass es gut funktionieren wird. Vielen Dank für diese großartige Idee und ich wünsche Ihnen, dass noch viele Pferde dass Glück erleben dürfen, ohne Gebiss geritten zu werden.
Viele liebe Grüße C. und ihr glücklicher Traber!!!

Liebes Fischer Orgon Technik Team, im Nov. auf der Pferd und Jagd habe ich das erstemal Ihre Zäumung gesehen. Aufmerksam geworden bin ich vorher schon durch Zeitungsartikel. Ich trainiere hauptsächlich Pasopferde, die ich auch gebisslos anreite (mit einem kolumbianischen Bosal). Nach einer gewissen Zeit wird dann eine Trense mit eingehängt und das Pferd so schonend ans Gebiss gewöhnt. Nun habe ich einen jungen Wallach, der sich mit so ziemlich nichts anfreunden konnte (Bosal, Sidepull...). Auf der Messe habe ich also Ihre Zäumung gekauft und Do-

*mino ist dankbar! Ich reite z.Z. mit vier Zügeln, also mit doppelt gebrochenem Gebiss und BB. Er ist sehr viel flexibler im Genick geworden und, obwohl er noch riesige Balanceprobleme hat, insgesamt rittiger. Vor kurzem ist eine PasoFino Stute zu mir in Ausbildung gekommen, die ich gerade anreite.
Sie wird nun auch mit BB angeritten. Ich melde mich dann nochmal wie die „Kleine" mit dem BB klarkommt. Erstmal vielen Dank. Es funktioniert wirklich ;-).
Viele Grüsse C. M.*

Es funktioniert! Ich bin beim Stöbern im Internet auf die Seite gekommen, habe das Bitless Bridle 14-Tage getestet und mir dann mein eigenes gekauft. Mein Pferd wird nie wieder ein Gebiss ins Maul bekommen.
Ich habe einen Vollblut-Araber-Wallach, der vorher mit doppelt gebrochener Trense geritten wurde. Er ist ein ganz Lieber und gut erzogen, nur das Maul wollte er nicht aufmachen und er hat seinen Kopf weggedreht, wenn er die Trense sah. Dabei hatte ich doch extra die teure gekauft, mit der er von der Bereiterin auch geritten wurde. Zähne in Ordnung, Lage im Maul stimmt... Statt verschiedene Gebisse durchzuprobieren, habe ich mich gleich für die Alternative entschieden. Vor allem der Artikel über das Kauen und Schäumen hat mir natürlcih zu denken gegeben.
Wir mussten von Anfang an ins Gelän-

de, da wir weder Platz noch Halle haben. Und es war überhaupt kein Problem und es gefällt meinem Pferd sichtlich. Er steckt seinen Kopf schon von alleine rein, wenn er das Bitless Bridle sieht.

Ich habe natürlich auch kritische Stimmen gehört und ich kann jeden verstehen, der mit Gebiss schon genug Probleme im Gelände hat und sich nicht traut. Mein Pferd ist geländesicher und nicht schreckhaft, deshalb hatte ich keine großen Bedenken. Und daher möchte ich allen Mut machen, die das Bitless Bridle in einer Halle oder auf einem Platz ausprobieren können oder eh schon ein geländesicheres Pferd haben. Es funktioniert, auch in Krisensituationen, und mein Pferd findet es richtig toll.

Grüße S.

Hallo!
Mein Pferd wurde in der letzten Zeit mit einem Bosal geritten , mit dem wir eigentlich sehr gut zurechtkamen.

Allerdings ist es kein Vergleich zu der neuen Trense.

Filou läßt die Unterlippe hängen nimmt den Kopf herunter und läuft alles in allem in einer sehr entspannten Körperhaltung.

Auch unsere Reitlehrerin fand diese Art zu Reiten zwar sehr ungewöhnlich aber dennoch sehr interessant. Vor allen Dingen hat sie sie akzeptiert ohne lange zu fragen oder mir vorschreiben zu wollen mit

welchem Gebisss ich zu reiten habe was ja in vielen Ställen immer noch der Fall ist.

Deswegen möchte ich gerne mehr Infos bekommen sobald es etwas neues gibt. Über weitere Infos wäre ich sehr erfreut.

Viele Grüße aus Porta Westfalica C. G.

Hallo Herr Fischer,

es ist „beschämend" was Unwissenheit bei Lebewesen anrichten kann. Auf der Suche nach mehr Harmonie und Effektivität in der Pferdeausbildung bin ich, nach sorgfältigem Studium Ihrer Publikation im Internet und einer Menge ergänzender Informationen durch die Web Seite bitless-bridle.com von Prof. Cook zum Thema, sowie der praktischen Anwendung Ihrer gebisslosen Trense bei meiner 4 jährigen Stute, ein überzeugter Anhänger der gebißlosen Reiterei.

Ich habe in den vergangenen 14 Tagen unter anderem die faszinierende Erfahrung gemacht, daß eine sofortige Kontrolle in allen Gangarten gegeben ist, das Pferd intensiver lernt auf Gewicht und Schenkel bei Lektionen zu reagieren und zufriedener mitarbeitet. Einer weiteren dressurmäßigen Ausbildung „mit weniger Handarbeit" steht somit nichts mehr im Wege.

Mit der einfachsten Ausführung Ihrer Trense ergaben sich folgende Probleme:
-An der Innenseite scheuerte eine Niete
-das Zügelseil scheuerte im Genick je-

weils hinter den Ohren
-der Nasenriemen rutscht manchmal etwas nach oben und scheuert dann, vermutlich weil der untere Schiebverschluß nicht optimal hält (zieht sich durch bei Bewegung des Pferdemauls).
Für Nasenriemen und Genick verwende ich daher Neopren mit Klettverschluß und habe seitdem keine Scheuerstellen mehr. Ich denke jedoch einen optimalen Sitz wird Ihre gepolstere Ledertrense haben. Das größte Problem ist m. E. zweifelsohne die allgemeine Einstellung im Umfeld bei Reitern die ihr Heil in Schlaufzügeln oder scharfen Gebissen suchen. Bei Reitern die es vom Prinzip her gut finden so zu reiten ist eine gewisse Unsicherheit und Angst festzustellen. Hier ist Aufklärungsarbeit am Pferd und Unterstützung durch die Deutsche Reiterliche Vereinigung gefragt, die die Reitlehre überarbeiten müßte. Setzen wir uns ein Ziel und packen es an.
Ich danke Ihnen für Ihr Engagement und wünsche Ihnen für Ihre Arbeit viel Erfolg. Mit reiterlichem Gruß G. M.

Anmerkung:
Wir haben inzwischen die beschriebenen Probleme behoben:
- wir verwenden nur noch Nieten, die auch innen rund verschlossen sind
- wir bieten Schoner an, die am Nasenriemen und evtl. auch im Genick verwendet werden können, außerdem kann der Genickriemen bei Bedarf festgelegt werden, so daß er nicht mehr rutschen

kann. Diese Reitweise erlaubt jedoch weniger feine Signale.

Der Nasenriemen sollte so hoch und möglichst so eng verschnallt werden, daß er unter den Ganaschen fest sitzt und nicht nach oben rutschen kann. Entsprechend sollte der Nasenriemen vorne größer und hinten enger gestellt werden, damit die Führungsringe weiter unter der Kehle sitzen. Ob und wo der Nasenriemen rutscht, liegt wahrscheinlich maßgeblich an der individuellen Kopfform des Pferdes.

Sehr geehrter Herr Fischer,
wir lernten uns auf der Messe „Pferd & Jagd 2001" in Hannover kennen und Sie stellten mir freundlicherweise ein Bitless Bridle zu Testzwecken zur Verfügung.
Nun, ich bzw. genauer gesagt meine Reitbeteiligung Carolin, hat das Gebiss bei meinem fünfjährigen Quarter-Haflinger-Wallach Cheyenne nicht nur getestet, sondern verwendet es seit der erstmaligen Anwendung ausschließlich.
Cheyenne ist ein eher zierliches, blutgeprägtes Pferd mit einem kleinen Kopf und entsprechend kleiner Maulhöhle. Bislang wurde er mit einer Sweet-Iron-Wassertrense geritten, die ihm aber nicht sonderlich zusagte. Ein Westerntrainer war der Meinung, daß das Scharnier in der Mitte zu dick sei.

Das war im Grunde der Anlaß, es doch einmal - statt ein neues, eventuell wieder nicht passendes Gebiß zu kaufen - gebißlos zu versuchen. Bereits der erste Test auf dem Reitplatz erwies sich als nur und rundherum positiv. Das Test-Bitless-Bridle aus einem reißfesten Kunststoff-Material konnte gut an die Kopfgröße des Pferdes angepaßt werden - lediglich Sorgen machten wir uns wegen einer Schnalle, die nun mittig über dem Nasenrücken saß, das Pferd aber anscheinend nicht störte.

Carolin war ganz begeistert, weil Cheyenne schon bei der ersten Benutzung alle Hilfen genau so annahm wie mit Gebiß, jedoch mit einer wesentlich entspannteren Kopfhaltung. Die angestrebte Vorwärts-Abwärts-Dehnung konnte viel öfter beobachtet werden als mit Gebiß.

Von diesem Tag an war das Bitless-Bridle die einzig für Cheyenne verwendete Zäumung. Zunächst nur auf dem sicheren Reitplatz angewandt - natürlich mit dem Gedanken im Kopf: wird er gebißlos gut zu regulieren sein? - probierten wir das Bitless Bridle rund 1 Woche später auch im Gelände aus ... und zwar unter verschärften Bedingungen.

Beide Pferde gingen nämlich durch aufgrund eines aus einem Grundstück wie „ein geölter Blitz" heraus-

schießenden Hundes, der sofort in Cheyennes Fesseln biß. 200 m vor uns lag eine stark befahrene Straße. Die Pferde rannten um ihr Leben. Cheyenne schoß an mir vorbei.

Aber Carolin konnte ihn - „hätte ich früher reagiert, hätte ich ihn noch eher zurücknehmen können" - einfangen. Das Bitless-Bridle stellte selbst in dieser brenzligen Situation keinen Unsicherheitsfaktor dar.

Wir - Carolin, Cheyenne und ich - sind rundherum zufrieden mit dem Bitless-Bridle und ich überlege, ob ich es bei meinem Pferd Dickmann, dem seine Sweet-Iron-Trense offensichtlich schmeckt, auch einmal ausprobiere ... denn wie war das gleich mit dem von Prof. Cook hergestellten Zusammenhang zwischen Schäumen und Bewegung???

Ich werde dann zu gegebener Zeit auch über meine Erfahrungen mit Dickmann und dem Bitless-Bridle berichten.

Zunächst aber erst einmal vielen Dank der Mannschaft von Fischer-ORGON-Technik für die Ermöglichung der gebißlosen Pferde-Zufriedenheit.

Mit freundlichem Gruss Sylvia Frevert , Pferdezeitung - Freude mit Pferden

Seit knapp 2 Jahren besitze ich eine 16-jährige Hannoveraner-Stute mit einem Zungenfehler. Beim Kauf meiner Stute wurde mir gesagt sie sei mit Kandare geritten und dabei wohl verletzt worden. Sobald man sie auftrenst (doppelt gebrochene Wassertrense) hängt sie die Zunge zur Seite raus. Wenn sie gut warm geritten und konzentriert arbeitet, kann sie die Zunge schon reinnehmen, was aber nicht so oft vorkommt und im Winter vielleicht nicht gerade angenem ist. Als ich dann zufällig in einem Info-Brief vom VFD einen Hinweis auf eine Internet-Adresse über gebissloses reiten fand, bin ich dem sofort nachgegangen, habe mich informiert und mir sogleich diese gebisslose Zäumung bestellt. Natürlich habe ich es gleich nach Erhalt bei meiner Stute auf dem Reitplatz ausprobiert und war sehr überrascht: sie reagierte wie immer, als ob sie ihre doppelt-gebrochene Wassertrense drin hätte. Nach 2-3maligem Üben auf dem Platz, wagte ich mich auch ins Gelände, es klappt super, sie läßt sich aus jeder höheren Gangart sofort wieder in eine niedrigere durchparieren. Ich glaube, sie fühlt sich sehr wohl mit dieser Zäumung. Das schönste für mich ist, das nun ihre Zunge da bleibt wo sie auch hingehört. Ich werde kein Gebiß mehr in ihr Maul legen. Für uns ist das eine geniale Lösung

Sehr geehrte Fischer-Orgon Technik!

Die Stute ist beim Aufzäumen zum ersten Mal stillgestanden, und hat richtig glücklich dreingeschaut, kein Gebiss reinzubekommen! Und sie hat nicht wie sonst den Kopf nach vorn gestreckt und das Maul aufgesperrt! Ich wollte es ja eigentlich gar nicht glauben, es klingt nämlich wirklich völlig unglaublich, aber die Reaktion war wirklich genau die gleiche wie beim Gebiss! Nur eben ohne all die Nachteile fürs Pferd! Sie hat es auch wirklich sofort verstanden, und obwohl das BB ganz anders funktioniert, hat sie darauf genau wie aufs Gebiss, ja sogar etwas besser reagiert, ich war völlig perplex! Und sie war voll bei der Sache, anstatt wie sonst die Zunge übers Gebiss zu tun und das Maul aufzusperren. Und zum ersten Mal hatte sie einen gleichmäßigen Trab, anstatt davon zu fetzen wie von der Wespe gestochen! Und ihre Stallgenossin, die gerade ans Gebiss gewöhnt wird von mir, war auch so begeistert und völlig entspannt.
Also nochmal ein herzliches Dankeschön von zwei glücklichen Pferde-(mäuler)n und von mir!!!
Nadja K., 16 Jahre

Hallo, ich habe es an unserer Norweger-Mix-Stute ausprobiert und muss sagen es klappt fantastisch. Wir haben zwar kein englisches Reithalfter sondern ein hannoversches genommen, aber es funktioniert trotzdem einfach genial. Ronja läuft genauso gut oder genauso schlecht wie mit Gebiss, darum liegt das Eisending jetzt in der Ecke und verstaubt. Sie geht viel entspannter, obwohl sie immer noch versucht ihren Dickkopf durchzusetzen, D. K.

Auf der Suche nach mehr Harmonie und Effektivität in der Pferdeausbildung bin ich, nach sorgfältigem Studium Ihrer Publikation im Internet und einer Menge ergänzender Informationen durch die Web Seite bitless-bridle.com von Prof. Cook zum Thema, sowie der praktischen Anwendung Ihrer gebisslosen Trense bei meiner 4 jährigen Stute, ein überzeugter Anhänger der gebißlosen Reiterei. Ich habe in den vergangenen 14 Tagen unter anderem die faszinierende Erfahrung gemacht, daß eine sofortige Kontrolle in allen Gangarten gegeben ist, das Pferd intensiver lernt auf Gewicht und Schenkel bei Lektionen zu reagieren und zufriedener mitarbeitet. Einer weiteren dressurmäßigen Ausbildung „mit weniger Handarbeit" steht somit nichts mehr im Wege.

Ich habe Eure Anzeige vor einiger Zeit in Cavallo entdeckt. Da ich eigentlich vorhatte, mein doppelt gebrochenes Gebiss durch ein Side Pull zu ersetzen, also eh' mit dem Gedanken spielte, auf gebisslos umzustellen, fand ich das mit dem 14-Tage-Test ganz interessant. Auf Eurer Homepage sind auch einige Trabergeschichten zu finden, die das Bitless Bridle erfolgreich getestet haben. Also, das wird jetzt mal ausprobiert und zu verlieren habe ich ja nicht viel. (ausser vielleicht mein Leben...) hihi, war ja nur ein Witz.

Als das Bitless Bridle endlich kam – ich hing nämlich jeden Tag am Briefkasten – habe ich es gleich ausprobiert. Ich bin gemeinsam mit einer Freundin ins Gelände gegangen und es hat wunderbar geklappt, obwohl ich mich am Anfang überhaupt nicht richtig traute, die Zügel in die Hand zu nehmen. 3 Tage später dachte ich mir, richtig testen kann ich es nur, wenn ich alleine ins Gelände düse. Und da meine Süße in letzter Zeit eh' immer so tilt, wenn wir alleine sind, und nur heimrennen will, wäre das wirklich die beste Gelegenheit. Also bin ich alleine ins Gelände gezwiebelt. Klappte alles wunderbar. Als ich mal auf einer Wiese galoppierte, wurde sie immer schneller und schneller. Ich habe sie gelassen, sie hatte so richtig Spaß dran, es schien sie nichts zu stören. Ich dachte mir nur: „So, da vorne ist ein Weg und du kannst jetzt bestimmt nicht bremsen. Klasse." Falsch gedacht. Schon beim leichten Annehmen

---

der Zügel wurde sie schon langsamer. Ich war echt erstaunt. Und ich bekam sie durchpariert, ganz ohne Probleme. Beim Heimwärtsreiten ist sie auch ganz gemütlich nach Hause gedackelt. Und von da an wußte ich: ich brauche so ein Ding!!!! Mir fällt es richtig schwer, das Bitless Bridle wieder zurückzuschicken. Ich bekomme ja ein anderes dafür, aber so lange muß sich meine Süße wieder mit dem Gebiss rumschlagen. naja, gut Ding will Weile haben.
Viele dankbare Grüße von M. und Fossi

Echnaton hasst Gebisse oder die Anlehnung der Zügel. Mit dem Bitless Bridle hat es auf Anhieb gut funktioniert; kein Kopfschlagen mehr!

Test erfolgte am gesamten Pferdebestand: Hengste, Stuten, Wallache – alle Vollblutaraber. Alle Pferde haben sehr gut darauf reagiert. Probleme gab es nicht.

Arco (Haflinger-Kaltblut-Mix) und ich hatten keinerlei Umstellungsprobleme. Meinen Mitreiterinnen fiel sein „Lächeln" auf...

Ich bin begeistert. Meine 4-jährige Schwarzwälder Stute hat zwar noch nie Probleme gemacht, aber mit dem B.B. ist sie noch zufriedener. Ich habe nicht mehr so viel „Gewicht" in der Hand, wenn es schnell wird.

Hat alles prima geklappt! Danke

Pferd und ich sind sehr zufrieden. Funktioniert toll! Das Material (Gurtband) sagt mir nicht zu, werde mir die anderen Materialen ansehen und mir auf alle Fälle ein Bitless Bridle zulegen.

Ich habe eine Isländerstute, 7 Jahre, die ich mit dem Bitless Bridle reite. Am ersten Tag habe ich sie damit longiert, was hervorragend geklappt hat. Danach habe ich sie noch kurz geritten, und ich war überrascht, wie wenig Zügeleinwirkung mit dem Bitless Bridle notwendig ist. Meine Stute hat sofort alle Übungen ausgeführt und hat sowohl beim Longieren als auch beim Reiten noch mehr geschnaubt als mit Gebiss. Da meine Stute absolut zuverlässig ist und der erste Tag mit dem Bitless Bridle ein voller Erfolg war, bin ich am zweiten Tag gleich mit ihr ins Gelände geritten. Sie war total entspannt, hat jede Hilfe angenommen und zu meiner größten Freude töltet sie mit Bitless Bridle viel besser - lockerer - als mit Trense. Wir beiden - meine Stute und ich - sind total begeistert vom Bitless Bridle. Ich kann es jedem Gangpferdebesitzer nur empfehlen. Anderen Pferdebesitzern natürlich auch.
Viele Grüße, A. R.

Leider konnte ich das Bitless Bridle nur einmal testen, da wir die letzten Tage Regenwetter hatten. In unserem Stall können wir die Koppel als Reitplatz nutzen, aber nur, wenn es trocken ist. Ansonsten steht mir das Gelände zur Verfügung. Es war das eine Mal überraschend positiv mit dem Bitless Bridle, aber ich müßte es öfter testen, um damit ins Gelände zu gehen. T.E

Sehr geehrter Herr Fischer!
Das bestellte Bitless-Bridle ist angekommen. Ich habe es noch am selben Tag anprobiert, passt wie angegossen und sieht gut aus. Unser Waheed (Vollblutaraber-Deckhengst) war zwar etwas erstaunt, da dieses Halfter enger anliegt als das Parelli Seilset, aber er hat es akzeptiert, da kein Gebiss eingehängt wird. Dieses hat er von Anfang an abgelehnt, ich hab ihn nie dazu gezwungen eines zu nehmen und daher werden unsere Pferde alle ausnahmslos ohne Gebiss gearbeitet. Die Handhabung ist wirklich sehr effizient, er reagiert sofort auf leichteste Signale, hat er zwar so auch gemacht, aber für genaueres Arbeiten ist dieses Halfter wirklich gut. Wir werden sicher noch einige Halfter bestellen, aber es kann noch einige Zeit dauern, da es auch eine finanzielle Frage ist.
Vorerst einmal vielen Dank, bis zur nächsten Bestellung

Grüße aus Österreich
M.W. Gestütsleitung und Trainerin

Hallo Herr Fischer,
vor drei Monaten habe ich bei Ihnen das BB bestellt und reite seitdem damit.
Mein Pony und ich sind total zufrieden. Wir sind uns jetzt immer einig. Am Anfang hat sie doch mal probiert, ob sie nun ihren Kopf durchsetzen kann. Es ist eben eine gewaltlose Zäumung!!! Letzte Woche waren wir das erste Mal in der Halle und sind Dressur geritten. Nach anfänglichen lächelnden Blicken der Mitreiter, kam doch das Staunen, wie locker und willig mein Pony gehen kann.
Uns geht es supergut mit BB, wir wollen nichts anderes mehr.
D.E.

Euer Bitless Bridle ist eine tolle Sache. Es war sehr gut anzupassen. Meine Stute hat sich kurz gewundert (ungewohnte Druckpunkte), hat aber ansonsten reagiert wie immer auf die Hilfen per Zügel. Mein Eindruck war positiv, sie war gleich entspannter, hat öfter mal „geprustet" und fand es ganz toll, in den Ausrittpausen ohne Gebiss fressen zu können. (Ich auch!)
Euer Testangebot ist eine super Idee! Vielen Dank für diese Möglichkeit. Ich habe euer Infomaterial in meinem Pensionsstall hinterlegt, weil ich hoffe, daß Leute, die noch nie davon gehört haben, euer Test-

angebot auch wahrnehmen. Ihr seid echte Pferdefreunde.

Meine ersten Erfahrung mit dem Bitless Bridle war schon mal gut. Mein Pferd ist vier Jahre alt und wird englisch geritten. Zuerst habe ich damit longiert, um mein Pferd daran zu gewöhnen und mir die Angst zu nehmen, es würde nicht reagieren. Ich war total erstaunt wie locker er ging und wie gut er auf die Paraden an der Longe reagierte. Auf dem Pferd war es dann etwas anders. Er reagierte zwar gut auf die Paraden aber schlug ständig mit dem Kopf, als ich versuchte, ihn etwas in die Tiefe zu reiten. Jemand warnte mich, dass die Zäumung wohl noch stärker als ein

Hackemore oder Kandarre auf das Genick wirken würde (deshalb das Kopfschlagen und die „gute" Reaktion auf Paraden!?). Da ich dies nicht glaube, bitte ich Sie um ein gutes Argument, damit ich dies widerlegen kann!
Bei weiteren Versuchen klappte die Verständigung auch immer besser und vor allem hatte ich das Gefühl, dass er viel losgelassener war als mit Gebiss im Maul. Er hatte richtig viel Schwung im Trab und Galopp. Zur Zeit kann ich das BB nur anwenden, wenn ich alleine oder zu zweit in der Halle bin, da viele Reiterkameraden noch skeptisch sind und mein Pferdchen noch etwas peppig ist und leicht „erschreckt" - auch wegen der momentanen Kälte!

Daß sich Pferde mit Kopfschlagen gegen das „Herunterreiten" wehren, haben wir schon öfter gehört. Es scheint so zu sein, daß Pferde, die dies tun, sich gegen die Einwirkungen wehren, weil sie ihnen nicht gefallen. Immerhin kann es nun seine Ansicht vom Reitstil derart äußern, ohne sich dafür Schmerzen einzufangen. Ich kann natürlich unmöglich Ihren Reitstil beurteilen, daher dies nur als Hinweis. In unserem Buch haben wir dem Thema „Reiten in Anlehnung" sehr viel Raum gegeben.
Versuchen Sie, nur leichte, ganz sanfte „Klingel"-Paraden zu geben, damit Ihr

---

Pferd den Kopf senkt, zuerst an der Longe und Doppellonge, später im Stattel im Stand und erst dann im Schritt etc. Loben Sie Ihr Pferd, wenn es den Kopf senkt. Viele Pferde haben wegen schmerzhafter Erfahrungen mit Trensen, Sattel etc. Traumata, die sich in Zwangsverhalten ausdrücken. Unser Pferd schnappt immer „symbolisch" in Richtung des Reiters (d.h. es hat noch nie zugebissen), wenn man den Sattelgurt festzieht. Es liegt am ersten Ausbilder, ein Westernreiter, der den Sattelgurt besonders hart zugezogen hat. Dieses Verhalten hat sie nie wieder abgelegt.

Es könnte auch sein, daß sich Ihr Pferd durch den Nackenriemen zu beengt fühlt. Oft hilft es dann, das Bitless Bridle etwas tiefer auf die Nase zu verschnallen oder den Nasenriemen vorne weiter zu stellen.

Hackamore und Kandare wirken gar nicht auf das Genick, deshalb ist der Vergleich mit dem Bitless Bridle hier unangebracht. Es gibt nichts am Bitless Bridle, was dem Pferd Schmerzen bereiten könnte. Daher sind die geplapperten „Ansichten" unserer lieben Mitmenschen völlig unqualifiziert. Leider machen sich viele Leute wichtig, indem sie glauben, alles und jeden beurteilen zu können. Menschen, die das tun, disqualifizieren sich selber als ernsthafte Gesprächspartner. Man kann nur etwas beurteilen, was man kennt und verstanden hat.

Meine Tochter (10 Jahre) reitet ihr G-Pony (11jähr. Wallach) alternativ zur Trense mit doppelt gebrochenem Gebiss mit dem Bitless Bridle. Sie kam auf Anhieb damit zurecht. Wir finden es schade, daß diese Trense zu Turnieren und Reitprüfungen (FN) nicht akzeptiert wird. Es bereitet keine Probleme für meine Tochter, E-Dressurlektionen mit dem Bitless Bridle zu reiten. Einzig beim Anhalten hat sich das Pony noch nicht genügend auf die Hilfen eingestellt. Alles in allem: eine gute Alternative für das Freizeitreiten!

Mein Rusty ging, wenn ich mit ihm allein im Gelände war, super zufrieden in allen Gangarten. Probleme hatte ich nur, als mein Mann mit seinem Pferd vor ging. Rusty machte sich etwas steif und wollte unbedingt hinterher. Aber das sehe ich nicht als großes Problem und ich bin mir sicher, daß ich das bald im Griff habe und er auch locker und zufrieden am langen Zügel hinterhergeht.

Bin sehr zufrieden, lediglich das Nackenseil verrutscht sehr leicht, was evtl. ungleichmäßigen Zügelmaß führen kann. Inzwischen sind alle Bitless Bridles mit einer Lasche ausgestattet, mit der man den Nackenzügel fixieren kann.

Die Umstellung war absolut unproblematisch. Nach 2-3 Tagen hat sich mein Pferd ans Bitless Bridle gewöhnt und reagiert wie bei einer

Zäumung mit Gebiss. Das einzige kleine Problem, was noch da ist, ist, daß er sich ein wenig verwirft und diese Korrektur klappt noch nicht so ganz. Aber das werden wir bestimmt noch hinkriegen.

War sehr zufrieden. Habe zwei Mädels, die mein Pferd mitreiten und für sie ist es die ideale Lösung zu lernen, mit Gewicht und Schenkel zu reiten, ohne mein Pferd im Maul zu behindern. Das einzige, was ich als störend empfinde, ist das Aufzäumen. Aber ansonsten war alles gut. Und das mit dem Zäumen klappte mit etwas Übung auch.

Mein Pflegepferd hat sich sichtlich entspannter gegeben! Das B.B. hält was es verspricht. Gewöhnungszeit sicherlich erforderlich, aber das Beste von allem: das Gefühl, dem Pferd macht das Reiten nun auch Spaß.

Ich habe meinen Isländer im Sommer 2002 gekauft, er wurde mit einem einfach gebrochenen Gebiss mit Kupfereinlage geritten und sehr schwer zum Halten gebracht. Der Bremsweg war sozusagen sehr lang. Beim Tölten und auch sonst hat er auf den Zügeln gelegen. Ich hatte Blasen an den Fingern. Das war nicht mein Ding, es mußte auch ohne Gebiss gehen. Ein Sweet Iron, doppelt gebrochen mit Kupfermittelstück brachte auch keine Besserung. Mit einer Art

Hackamore habe ich es dann probiert, klappte schon viel besser. Mein Isländer wollte damit aber nicht so recht tölten. Ich hatte das Gefühl, der Druck auf die Kehle war nicht gut. Jetzt haben wir das Bitless Bridle probiert, klasse. Jetzt hat er noch mehr Spaß am laufen. Stoppen ist auch kein Problem mehr. Den Töltgang brauchst du nur sanft reinschieben: aufnehmen, Schenkelhilfe rechts-links, einseitige Parade und ratzfatz Tölt – auch am durchhängenden Zügel.

Beim jungen, gerade angerittenen Pferd: fühlte sich in keiner Weise gestört durch das Bitless Bridle, entspannte, tiefe Kopfhaltung, prompte Reaktionen auf impulsartige Einwirkung.

„Mißerfolgs"-Berichte

Die folgenden Berichte sind von Testern abgegeben worden, die das Bitless Bridle nach dem Test zurückschickten und sich gegen eine weitere Anwendung des Bitless Bridle entschieden haben. Wir haben sehr wenige negative Berichte bekommen und diese sind leider auch meist sehr allgemein gehalten. Seit September 2002 weisen wir deutlich darauf hin, daß wir auch Mißerfolgs-Berichte haben wollen, weil wir mehr darüber wissen wollen, woran es im einzelnen liegen kann, wenn das Bitless Bridle nicht funktioniert. Diesem Thema haben wir das nächste Kapitel gewidmet.

Meine Stute (Brandenburger) ist selbst mit „normalem" Gebiss schwer durchs Genick zu reiten. Mit dem „BB" ist es mir nicht mal annähernd gelungen. Trotzdem habe ich festgestellt, daß sie sich sehr schnell auf die „anderen" Hilfen des „BB" eingestellt hat und sich beim Reiten sehr wohl fühlte, allerdings mit hoher Kopfhaltung.

Im Schritt und Trab waren wir zunächst begeistert. Im Galopp jedoch waren wir mit der Einwirkung nicht zufrieden. Es mußte zu stark gegengehalten werden. (Kundin schickte nach 4 Tagen Test zurück. Hier wäre etwas mehr Geduld vorteilhaft gewesen.)

Ich kann keinen Unterschied zur normalen Zäumung feststellen. Er läuft mit und ohne Gebeiss annähernd gleich. Richtig versammelt konnte ich ihn gebisslos aber nicht reiten. Da mußte ich die Zügel zu viel annehmen und dann war der Druck im Genick zu groß. Mit Gebiss kann ich da mit entschieden leichterer Hand reiten. War aber trotzdem ein interessanter Versuch.

(Auch wenn der Reiter keinen Unterschied zum Gebiss feststellen kann – das Pferd kann das sicher. Dieser Bericht ist ein Beleg für die leider einseitige Sicht auf die vermeintlichen Vorteile für den Reiter. Interessante Frage: was bedeutet hier „leichte Hand"?)

Wir kamen eigentlich gut mit dem Bitless Bridle zurecht. Unser Pferd reagierte auf alle Hilfen wie bei einer normalen Trense. Die englische Zäumung gefiel uns gut, aber leider kommt unser Pferd mit den Maßen nicht zurecht. Das Bitless Bridle „S" ist uns leider zu teuer.

Habe sehr gute Erfahrungen gemacht in der Anwendung. Vom Prinzip her alles prima. Mein Pferd

*Der Materialwert liegt weit unter
dem Preis, für ca. 60 Euro bekomme ich eine Markentrense aus bestem Leder.*

(Wir bekamen einige solcher Bemerkungen wegen angeblich zu hoher
Preise. Dazu ist zu sagen, daß wir nicht
in Asien zu Niedriglöhnen produzie-
ren lassen, sondern die Bitless Bridle
selber hier in sehr kleinen Stückzah-
len bauen und deshalb auch nicht mit
Billigprodukten verglichen werden
können.
Beim Vergleich der Preise mit „normalen" Zäumungen sollte fairerweise auch
beachtet werden, daß das Bitless Bridle
Zaumzeug UND Gebiss ersetzt. Die
verschiedenen Bitless Bridles in den
USA sind übrigens erheblich teurer als
unsere.)

(Der letzte Satz wirft dann doch die
Frage auf: wogegen wehrt sich der
Haffi in der Halle?)

*Das Teil selbst habe ich nicht aus-
probiert. Ich konnte aber mit einer
Reiterin sprechen, die ein solches
besitzt und es für Isländer ungeeignet findet, da sich besonders im
Winter die langen Haare erschwe-
rend bemerkbar machen. Sie riet
mir vom Kauf dringend ab.*
(Wir benutzen das Bitless Bridle von
Anfang an bei verschiedenen Isländern
und empfehlen das Bitless Bridle gerade auch für diese Pferde. Wenn sich die
Haare im Nackengurt verfangen sollten – was wir selber nicht festgestellt
haben – kann man auf dem Nacken einen Nasenschoner verwenden, durch
den man Nackengurt und Halteriemen
führt.)

*Nackenzügel zieht sich unter dem
Kinn bzw. unter der Kehle zu, auch
bei leichtem Zügeleinsatz und er-
neutem Verstellen des Nasenriemens.*

Insgesamt war ich überrascht, wie gut es beim Reiten mit dem Bitless Bridle geklappt hat. Leider hat mein Pferd am Genick eine Beule (mit entzündeter Synovia), die sich beim Gebrauch dieser Zäumungsart leicht vergrößert hat. Da ich beim ständigen Gebrauch Angst habe, daß es aufbrechen könnte, möchte ich Ihnen Ihr Bitless Bridle zurückschikken.

... hat eigentlich funktioniert. habe aber keinen Unterschied zu meinem Bosal festgestellt. Trotzdem Danke.

Danke für die Test-Möglichkeit! Leider ist das Bitless Bridle nicht für uns geeignet. mein Pferd legt sich sehr gemütlich auf meine Hand, so daß ich Kilos an den Armen hängen habe. Feines Reiten ist leider nicht möglich. Auch etwas mehr Aufrichtung kann ich damit nicht erreichen.

Leider hatte ich mit Ihrem Bitless Bridle nicht den Erfolg, den ich mir erhofft habe. Das liegt aber wahrscheinlich mehr an meinem Pferd, das sich nach einer allergischen Rhinitis im Sommer extremes Kopfschlagen als Arbeitsverweigerung angewöhnt hat und extrem „dickfellig" (Tinker-Pony) ist und der Einwirkung durch Ihre Zäumung massiv widersetzt. bin zur Zeit mit ihm in Reitausbildung. Wenn er die feineren Hilfen akzeptiert, werde ich noch auf Sie zurückkommen.

Wir haben uns nach reiflicher Überlegung doch für das Knotenhalfter entschieden, da die Handhabung für uns einfacher ist und unsere Stute darauf besser reagiert.

Pony wurde bisher auf weichem Leder-Hackamore geritten, konnte mit Bitless Bridle „nichts anfangen".

Vielen Dank, aber mein Pferd reagiert auf das Halfter so verstört, daß ich weitere Versuche nicht unternehmen möchte.

Von guten Erfahrungen und einer leichten Umstellung kann ich leider nicht sprechen. Mein Pferd hat gemacht, worauf er Lust hatte, was schließlich dazu führte, daß er bokken und im Renngalopp mit mir durch die Halle flitzte. Es war eine lustige Erfahrung und hat uns wohl beiden mal Spaß gemacht, auf Dauer oder zum Arbeiten jedoch nichts für uns!

Mein 9jähriger Wallch schlägt am langen Zügel mit dem Kopf. Daher wollte ich das BB ausprobieren, da Liberty mit dem Kopfschlagen anfängt, sobald er kaut + schäumt. Ich bin Liberty jeden Tag 1 1/2 Stunden mit dem BB geritten + das Kopfschlagen tauchte plötzlich auch am aufgenommenen Zügel während des Reitens auf. Es gab sich auch nach einer Woche nicht + ging auch nicht auf das „normale" Maß zurück. Als ich wieder zur Trense wechselte, hörte er sofort mit dem

Kopfschlagen am aufgenommenen Zügel auf.

Da es Liberty anscheinend nicht gefällt, mit dem BB geritten zu werden, gebe ich es zurück.

Der Testservice ist trotzdem toll, denn so kann man für wenig Geld das schonende Reiten testen. Vielen Dank.

(Die Kundin schickte das Bitless Bridle nach einer Woche zurück, verzichtete also auf die zweite Testwoche. Kopfschlagen bedeutet zunächst einmal, daß ein Pferd sein Unbehagen ausdrückt. Es kann, muß aber nicht mit der Trense zu tun haben. Wenn ein Pferd mit dem Kopf schlägt, sobald die Zügel locker sind, nicht jedoch bei angenommenen Zügeln, heißt das lediglich, daß das Pferd sich nicht am Gebiss bei angenommenem Zügel verletzen will. Daß das Pferd auch beim Bitless Bridle mit dem Kopf schlägt, bedeutet, daß es sich über irgendetwas ärgert, oder daß es Schmerzen hat etc., es bedeutet nicht, daß es sich über das Bitless Bridle ärgert, denn es schlägt auch mit der Trense im Maul mit den Kopf. Leider vergessen manche Reiter, daß das Kopfschlagen nur ein Symptom ist. Einfach nur das Kopfschlagen abzuschaffen, ohne das tieferliegende Problem zu erkennen und zu beheben, ist keine befriedigende Lösung. Es gibt beim Kopfschlasgen kein „normales Maß". Aber es gibt viele Reiter, die es versäumen, nach den wirklichen Ursachen der Probleme zu forschen, die

ihre Pferde ausdrücken. Und leider ist das das „normale Maß".)

1) Bitless Bridle 2x an der Nase aufgegangen.

2) Unser Pferd setzt sich gegen das Bitless Bridle durch

(Wir haben das Bitless Bridle aus Gurtband inzwischen aus einem dicken Halftergurtband konstruiert, bei dem sich die Schiebeschnallen nicht mehr lösen können. Dazu ist jedoch anzumerken, daß sich die Schnallen auf der Nase auch bei der älteren Version nur lösen konnten, wenn der Reiter sehr, sehr stark an beiden Zügeln gezogen hat. So sollte man nicht mit dem Bitless Bridle und mit seinem Pferd umgehen, zumal es sich – siehe oben – sowieso durchsetzen kann.)

Die oft bittere Wahrheit über das Können der Reiter

Wenn man darum bemüht ist, Reitprobleme zu analysieren und abzustellen, ist es immer sinnvoll, schrittweise vorzugehen und sich genau anzusehen, ob eine einzelne Maßnahme wie z.B. die Umstellung auf das Bitless Bridle zumindest einen geringen Teilerfolg bringt. In manchen Berichten von Reitern, die mit dem Bitless Bridle nicht den gewünschten Erfolg haben, schwingt so etwas wie Enttäuschung oder gar der Vorwurf mit, hier würde wieder einmal ein „Wunderwerkzeug" mit tollen Eigenschaften angepriesen, und in der Realität können die Versprechungen dann nicht eingelöst werden.

Die meisten Pferde reagieren tatsächlich sofort und in der gewünschten Weise auf das Bitless Bridle. Aber es gibt immer wieder Pferde, bei denen es nicht zu funktionieren scheint.

Wir geben wie gesagt seit etwa einem Jahr Test-Bitless-Bridles ab. Die Mehrzahl dieser Test-Nutzer haben das Bitless Bridle behalten oder ein anderes bestellt. Andere haben es kommentarlos zurückgeschickt. Natürlich haben wir uns nach den Gründen gefragt. Meist lag es an den Umständen, d.h. das Pferd oder der Reiter ist krank geworden, der Reiter hatte keine Zeit oder konnte sich trotz guten Funktionierens nicht für einen Kauf entscheiden. Einige haben das Bitless Bridle auch nach nur wenigen Tagen zurückgeschickt und sich eindeutig zu wenig Zeit zum Testen genommen.

Manche Reiter schein jedoch irgendein Wunder erwartet zu haben, denn immer wieder hören wir den Kommentar. „Es geht nicht besser oder schlechter als mit dem Gebiss." Natürlich wäre es gut, wenn gleich alles besser funktionieren würde. Wenn das Reiten mit Bitless Bridle genauso gut funktioniert wie mit Gebiss, ist das Wichtigste bereits erreicht (auch wenn bestehende Reitprobleme erst einmal weiterbestehen, man muß also weiter daran arbeiten), denn auch wenn für den Reiter zunächst kein Unterschied feststellbar ist – für das Pferd ist der Unterschied auf alle Fälle groß. Eine solche Begründung, das Bitless Bridle nicht zu benutzen, spricht davon, daß ein Reiter nicht verstanden hat, worum es geht und die Wirkung des Bitless Bridle einseitig danach beurteilt, ob es für sie selber im Augenblick von Vorteil ist. Armes Pferd.

Sehr wenige derjenigen, die das Bitless Bridle mit einem Kommentar zurückschicken, schreiben, daß es bei ihrem Pferd nicht funktioniert. Und dabei ist die häufigste Antwort die, daß sich das Pferd mit dem Bitless Bridle offensichtlich jeder Einwirkung entzieht und tut, was es will: „Mein Pferd interessiert sich nur noch für das Gras und ignoriert mich völlig", oder „Mein Pferd läßt sich nicht richtig lenken. Es geht dahin, wohin es selber will und ignoriert meine Signale," sind typische Antworten. Der wahrscheinliche Hintergrund einer solchen Reaktion dürfte sein, daß die Dominanz zwischen Reiter und Pferd nicht geklärt ist. Viele Reiter entziehen sich der Aufgabe, eine geklärte Beziehung mit ihrem Pferd zu schaffen, u.a. indem sie es ständig mit der Gewaltandrohung über das Gebiss zu Gehorsam zwingen. Dieses Problem ist mit einem Bitless Bridle natürlich nicht lösbar, aber es wird gnadenlos aufgedeckt. Viele Reiter scheinen sich nicht der Gefahr bewußt zu sein, in die sie sich begeben, wenn sie sich auf ein Pferd setzen, das sie nicht als Führung akzeptiert, der sie sich nicht freiwillig unterordnen. Dieses Problem des vermeintlichen „Ungehorsams" ist so weit verbreitet, daß es

in jedem Reitstall beobachtet werden kann. Ganz einfach ausgedrückt: die Beziehung zwischen Pferd und Reiter wird in diesen Fällen nur durch Gewalt und Gewaltandrohung geregelt, und zwar auch dann, wenn alles „ganz normal aussieht" und es im normalen Reitbetrieb zu keinerlei Gewaltexzessen kommt.

Auch wenn es vielleicht widersprüchlich klingen mag: gerade diese Reiter sollten dankbar sein, daß sie auf das Bitless Bridle gestoßen sind und nun vom Pferd gezeigt bekommen, wie die Beziehung tatsächlich aussieht. Endlich kann das Pferd sich ausdrücken und Ungehorsam zeigen, ohne daß es sich vor sofortiger Bestrafung fürchten muß. Was muß noch passieren, damit Reiter die Signale ihrer Pferde verstehen?

Es ist erstaunlich, wie freundlich und sanft die meisten Pferde sind, die sich unterordnen und Gewalt ertragen, ohne gegen die Menschen vorzugehen, die sie überhaupt nicht ernst nehmen, sondern lediglich fürchten. Wir wünschen allen Reitern, die die Erfahrung machen, daß sich ihr Pferd mit dem Bitless Bridle ihrer Einwirkung entziehen will, daß sie die Chance, die sich ihnen hier bietet, aufgreifen und die Beziehung zu ihrem Pferd auf eine realistische und langfristig viel erfüllendere Ebene stellen. Kommunikation ist immer zweiseitig, auch beim Reiten, und eine Begegnung, die darauf beruht, daß einer befiehlt und nicht zuhört, während der andere aus Angst gehorcht, ist nur armselig. Das, was am Reiten so faszinierend ist, die wirkliche Begegnung mit diesen starken und sanften Tieren, wird sich erst erschließen, wenn eine realistische Vertrauensbasis erarbeitet worden ist. Alles andere ist nicht reiten, sondern „das Pferd benutzen".

Eine andere Art von Antwort, die wir von Reitern bekamen, deren Pferde nicht auf das Bitless Bridle wie gewünscht reagiert haben, war in etwa: „Mein Pferd läßt sich damit nicht an die Hilfen reiten." und „Mein Pferd reißt den Kopf hoch, schüttelt den Kopf und nimmt die Zügelhilfen nicht an." Im Grunde genommen ist es dasselbe Problem wie zuvor, es stellt sich nur anders dar. Pferde zeigen mit Bitless Bridle deutlicher, was sie wollen, was sie können und was wir von ihnen verlangen können und was nicht. Das Bitless Bridle enthüllt die – oft bittere – Wahrheit über die reale Qualität des Reitstils. Bei vielen Reitern steht ein mehr oder weniger festgelegtes Programm fest, was trainiert und welche Ziele erreicht werden sollen. Dabei kommt sehr oft zu kurz, was das Pferd will und was es wirklich leisten kann. Die vielen schwitzenden, vor Stress zitternden Pferde zeigen uns, daß sie völlig überfordert werden. Wir haben ein Pferd gesehen, das beim

Anblick seiner Reiterin begann, vor Angst zu zittern. Ist es nicht verständlich, wenn solche Pferde sich sofort entziehen, wenn sie es können? Es wäre besser für Pferd und Reiter, darauf zu hören, was die Pferde darüber ausdrücken, was sie zu leisten bereit sind. Für kurze Zeit mag es möglich sein, ein Pferd zu überfordern, um festzustellen, wo die Leistungs- oder Motivationsgrenze eines Pferdes liegt. Aber wir sehen überall die ausdruckslosen, nach innen gekehrten Pferde, die zwar noch das Programm mitmachen, aber nicht wirklich bei der Sache sind. Reiter lernen, daß sie den Kopf des Pferdes in die Senkrechte stellen müssen und daß man das mit den Zügeln erreicht, indem man sie kurz nimmt und in dieser Position läßt. Vielen Reitern scheint der Zusammenhang zwischen Kopfhaltung, Versammlung, Rückenaufwölbung, Untertreten und Losgelöstheit überhaupt nicht klar zu sein. Im Freizeitreitsport – und offensichtlich auch in der Profi-Reiterei – werden die allerwenigsten Pferde wirklich in Versammlung geritten und damit zerstört. Es ist so leicht, die Pferde einfach am kurzen Zügel zu reiten und, wenn das nicht funktioniert, sie mit Hilfszügeln in die „richtige" Haltung zu verschnallen. Und es ist sehr schwer, Pferde bis zur wirklichen Versammlung zu gymnastizieren. Es bedeutet, daß man viel wissen und lernen muß, es kostet sehr viel Zeit, Arbeit und Geld.

Wie sollen die vielen Freizeitreiter, die verzweifelt versuchen, einen annehmbaren Mindest-Standard zu erreichen damit umgehen, wenn sie sehen, daß auch die Weltmeister nichts anderes tun, als ihre Pferde in eine oberflächlich optisch korrekte Form zu zwingen? Hier wird ein Phantom von Leistungsdenken und theoretischen Idealen gelehrt, das offensichtlich nicht erreichbar ist. Es führt dazu, daß Reiter sich klein, unvollkommen und schlecht ausgebildet fühlen und – das ist die Tragik – daß sie sich in dieses Schicksal ergeben und selber glauben, daß gutes Reiten nicht erreichbar ist.

Reiter müßten sich darüber im Klaren sein, daß Pferde, die nicht versammelt geritten werden, weil sie nicht angemessen gymnastiziert sind, irgendwann im wahrsten Sinne des Wortes auseinanderbrechen. Das Bitless Bridle ist für diese Art des Reitens natürlich weit weniger geeignet als jede normale Gebiss-Zäumung, weil es den Pferden einen Spielraum läßt, zu zeigen, daß hier etwas falsch läuft. Daß es immer wieder auch mit dem Bitless Bridle versucht wird, sehen wir am Zustand mancher Test-Zäumungen, wenn sie zurückkommen und der Geolon-Nakkenriemen an den Stellen, an denen er durch den Führungsring läuft, deutlich abgewetzt ist. Um das in nur zwei Wochen mit einem der stärksten Schiffstau-Materialien zu schaffen, muß ein

Reiter Tag für Tag mit aller Kraft an den Zügeln gerissen haben.

Natürlich ist es möglich, auch mit dem Bitless Bridle einmal ein sehr viel festeres Signal zu geben und dem Pferd deutlich zu zeigen, daß es den Kopf senken soll, aber es ist fast unmöglich, ein Pferd mit dem Bitless Bridle gegen seinen Willen in die Senkrechte zu stellen und dort zu halten.

Gute Reitlehrer sagen deutlich, daß man dies auch nicht mit Gebiss machen darf. Allein die Tatsache, daß man das mit aufgetrensten Pferden machen kann – und es ergibt oberflächlich betrachtet auch kurzfristige Resultate – verführt Reiter dazu, es auch immer wieder zu tun. Es ist DAS Problem der Gebiss-Reiterei! Eine Anwenderin sagte es kurz und trocken: „Das Bitless Bridle deckt die Wahrheit über das Reiterkönnen schonungslos auf.“

Um es noch einmal zu sagen: natürlich kann man auch mit dem Bitless Bridle ein Pferd in der korrekten Aufrichtung reiten, man kann mit leichter Anlehnung reiten und man kann auch alle anderen Übungen reiten. Es gibt keinerlei Unterschied in den Signalen – viele Reiter sagen, daß die Signalwirkung des Bitless Bridle für das Pferd eindeutiger ist als bei Gebissen – aber es gibt einen großen Unterschied in der Möglichkeit in der Umsetzung der Signale, weil das Gewaltmonopol aufgegeben wurde: Es ist nicht mehr möglich gegen das Pferd zu arbeiten, man kann nur noch mit dem Pferd arbeiten. Gebisslos zu reiten ist wahrscheinlich der längere und anspruchsvollere Weg, weil Reiter gezwungen sind, tatsächlich reiten zu lernen, es gibt nicht mehr die bequeme Abkürzung, Können mit Gewalt zu ersetzen. Im Grunde genommen müßten allein aus diesem Grund alle Reitausbildungen grundsätzlich nur mit Bitless Bridle geschehen. Es wäre das Beste für die Pferde *und für die Reitschüler.*

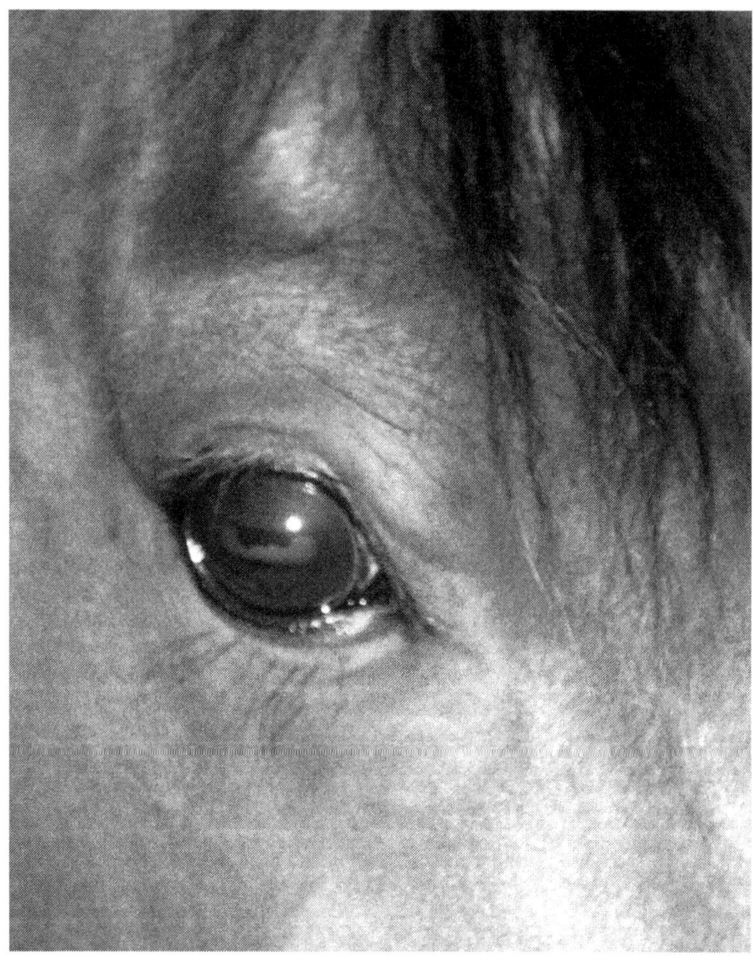

Das Argument gegen gebissloses Reiten: die Sicherheit

Es gibt immer wieder besorgte Reiter (hier sind es tatsächlich mehr Männer), die glauben, daß gebissloses Reiten gefährlicher sei als das Reiten mit Gebiss. Manche, die uns angerufen haben, waren wirklich aufgebracht.

Das Hauptargument ist: „Was soll man denn tun, wenn das Pferd durchgeht, man hat ja gar nichts in der Hand, um es zu stoppen."

Zuallererst: mit einem durchgehenden Pferd macht man mit Bitless Bridle vernünftigerweise das, was man auch beim Reiten mit Gebiss machen sollte: man nimmt den Zügel einseitig kurz und versucht, das Pferd zu einer Volte zu zwingen. Funktioniert das nicht, gibt es mit dem Bitless Bridle eine Möglichkeit, die ein Gebiss nicht bietet: Pof. Cook meint, man kann die Zügel kräftig „schütteln", d.h. links und rechts abwechselnd stark rhythmisch ziehen, so daß man dem Pferd kräftig den Kopf hin- und herschüttelt. Damit kann man möglicherweise in einer Paniksituation des Pferdes dessen Aufmerksamkeit wiedergewinnen. Wir haben dies noch nicht selber versucht, daher können wir diesen Tipp nur weitergeben, ohne daß wir uns dafür verbürgen können, daß und wie es tatsächlich funktioniert.

Es gibt viele Maßnahmen, die Sicherheit vor dem Durchgehen zu erhöhen, die vor allem in der Erziehung des Pferdes und im reiterlichen Geschick jedes Reiters liegen. Dazu gehört jedoch kein überdurchschnittliches Können, sondern überlegtes, konsequentes Training. Eine der wichtigsten Übungen im Vorfeld besteht darin, Pferde von vornherein deutlich auf ein Signal zu konditionieren, das „Anhalten" signalisiert. Im Westernreiten wird das Wort „Whow" trainiert, wobei zuerst das Stimmsignal, dann der Sitz und dann erst der Zügel benutzt wird. Dabei wird nach dem Prinzip vorgegangen, das Signal immer weiter zurückzunehmen, so daß das Pferd schließlich *immer* stehenbleibt, wenn das Stimmsignal gegeben wird. Das kompromißlose Training dieses Signals kann eine Lebensversicherung sein, denn die Konditionierung ist in vielen brenzligen Situationen stärker als der Fluchtimpuls des Pferdes. Wichtig ist diese Konditionierung auch beim Reiter. Das Signal muß im Schreckmoment wie selbstverständlich sofort reflexartig verfügbar sein, denn es hilft natürlich nicht, wenn man in der Schrecksekunde erst einmal im Gehirn-Zettelkasten unter „Durchgehen" suchen muß, bevor man reagiert. Mit welchem Wort oder Geräusch man trainiert ist eigentlich egal, es sollte jedoch so einfach sein, daß man es auch noch herausbekommt, wenn man sich schon vor Angst in die Hosen machen könnte. Wir benutzen ein ganz kurzes „Prrt", das hat den Vorteil, daß es ohne Atem und Stimme des Brustkorbs ganz schnell vorne im Mund artikuliert werden kann. Fred Rai benutzt z.B. ein „Hoho" und das altbekannte Signal hierzulande ist „Brr". Natürlich muß man sich und das Pferd auf ein einziges Stimmsignal konditionieren.

Auf einer bestimmten Ebene sind Argumente, daß gebisslose Zäumungen weniger sicher seien, gerechtfertigt: schlecht ausgebildete Pferde und Reiter, die außerdem keine Dominanz über das Pferd haben, gehen mit dem Bitless Bridle ein höheres Risiko ein. Wenn sie sich bisher auf die Gewaltausübung über das Gebiss verlassen haben, wäre es verantwortungslos, einfach ein Bitless Bridle aufzusetzen und dann mit dem Pferd ins Gelände oder gar in den Straßenverkehr zu gehen. Ein Mindestmaß an Vorsicht gebietet es, jedes Pferd, das man auf Bitless Bridle umstellt, zunächst damit zu longieren und auf dem Reitplatz, in der Halle oder im Roundpen in allen Übungen zu reiten, die Pferd und Reiter auch mit Gebiss schon beherrscht haben. Jeder Reiter muß sich so sicher wie nur irgend möglich sein, wie das Pferd mit Bitless Bridle in Normalsituationen reagiert. Meistens wissen Reiter auch, auf welche Reize ihr Pferd besonders nervös reagiert. Manche Pferde erschrecken vor Plastiktüten und andere weigern sich an laufenden Treckern vorbeizugehen. Natürlich muß man diese Situationen dann mit Bitless Bridle gezielt suchen, um sich über die Reaktionsweise des Pferdes Klarheit zu verschaffen.

Die Situation ist in Wirklichkeit so: nicht das Bitless Bridle ist gefährlich, sondern die Reitweisen, die auf Gewalt und Gewaltandrohung aufbauen sowie die daraus folgende Beziehungslosigkeit zwischen Pferd und Reiter. Wenn sich Pferde, die auf gebissloses Reiten umgestellt werden, ihren Reitern entziehen, sich mehr für das Gras oder für die Stuten auf der Koppel nebenan als für die Signale des Reiters interessieren, ist im Vorfeld der Erziehung bei beiden, beim Reiter wie beim Pferd etwas Grundsätzliches schiefgegangen. Hierfür das Bitless Bridle verantwortlich zu machen hieße das Meer zu schlagen anstatt schwimmen zu lernen. Alle Lebewesen, die geschunden und gedeckelt wurden, sind tendentiell gefährlich, wenn man sie plötzlich der Freiheit aussetzt. Deshalb die Freiheit abzuschaffen, wäre jedoch wirklich absurd. Allein: dieser Gedanke ist den Mächtigen dieser Welt immer wieder gekommen und er ist noch immer sehr in Mode, denn mit ihm werden alle Diktaturen gerechtfertigt.

So, wie Menschen, die zu Neurotikern erzogen wurden, weitgehend freiheitsunfähig sind, gibt es genauso auch Pferde, die man besser nicht ohne weiteres gebisslos reiten sollte. Für gefährliche und/oder widerspenstige Pferde, die man auf gebissloses Reiten umstellen möchte, sollte man wirklich etwas davon verstehen. Das Wissen um gebissloses Reiten steckt besonders im Dressurreitsport in den Kinderschuhen und wir sollten erst mit „normalen" Pferden genügend Erfahrungen sammeln, bevor wir uns an die „Problempferde" heranwagen.

Die Bitless-Bridle-Versionen

Wir haben ein breites Sortiment unterschiedlicher Versionen des Bitless Bridle entwickelt, um für viele Aspekte des Reitports angemessene Modelle anbieten zu können.

Es gibt Bitless Bridles, die sich in besonderer Weise am Western-Stil oder am englischen Stil orientieren, d.h. diese Bitless Bridles sehen so „normal" aus, daß man oft erst beim zweiten Hinsehen mitbekommt, daß es gebisslose Zäumungen sind.

Einige Versionen sind besonders variabel gestaltet, so daß sie jedem Pferdekopf exakt angepasst werden können. Nasenriemen und Stirnriemen haben wichtige Funktionen und da Bitless Bridles enger verschnallt werden als Gebiss-Zäumungen, müssen sie viel exakter passen, d.h. oft passen die Standardgrößen nicht.

Alle Modelle erfüllen die Funktionen des Bitless Bridle. Sie unterscheiden sich jedoch in den verwendeten Materialien und im Design. Hier eine Übersicht über die verschiedenen Modelle und ihre jeweiligen Besonderheiten:

Bitles Bridle „S": Grundlage ist ein schwedisches Reithalfter; besonders sanfte und hochwertige Lederzäumung

Bitless Bridle „englische Zäumung": Grundlage ist eine hochwertige handelsübliche englische Zäumung in den Standard-Größen

Bitless Bridle „Orgon": Sehr vielseitige Zäumung, „englisch" und im „Western-Look" aus hochwertigem Geschirrleder (natur und schwarz). Extrem größenvariabel durch geschickte Lochung und Verbindungen mit Chicago-Schrauben.

Bitless Bridle „Beta": die preisgünstige Alternative zu „Orgon" aus Beta Biothane, ein speziell für den Reitsport entwickeltes pflegeleichtes Kunstleder.

Bitless Bridle „Variabel": extrem variable Gurtband-Zäumung in zwei Ausführungen. Mit Schiebe-Schnallen einstellbar von Pony bis Kaltblut.

Bitless Bridle „S"

Grundlage ist ein schwedisches Reithalfter, das sich durch einen sehr (3,8 cm !) breiten Nasenriemen auszeichnet, der in sich sehr viel flexibler ist als bei englischen Zäumungen üblich, und außerdem ist er extrem weich abgepolstert. Besser, d.h. sanfter kann ein Nasenriemen nicht konstruiert sein. Auch die Kehle des Pferdes ist durch ein breites Polsterkissen vor der Schnalle geschützt. Der Stirnriemen besteht aus 20 mm breitem, weichem Geschirrleder.

Der Nackenriemen besteht entweder aus sehr weichem, 16fach geflochtenem 12 mm starkem Geolon-Seil oder aus bestem Geschirrleder. Die seitlichen Führungsringe sind durch jeweils zwei starke Nieten gesichert. Die Nieten am Nasenriemen und die Chicago-Schrauben am Stirnriemen verleihen diesem Bitless Bridle ein unverwechselbar elegantes Aussehen.

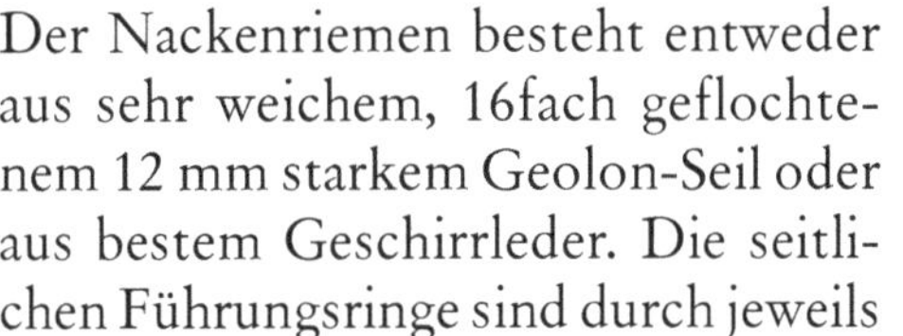

BB „S" mit Geolon-Seilzügel

Ein einziges ca.6 Meter langes 12 mm dickes Geolon-Seil (die genaue Länge wird nach Ihrem Bedarf abgemessen) funktioniert als Zügel, der durch die Führungen am Bitless Bridle über den Nacken des Pferdes geführt wird: die einfachste und effektivste Version. Die Zügel sind offen, können jedoch auch verknotet und so als geschlossene Zügel verwendet werden.

BB „S" mit Geolon-Nackenriemen

ein 12 mm dickes, weiches Geolon-Seil ist der Nackenriemen, in dessen Enden Sie ihre Zügel an Ringen befestigen. Dazu gibt es passende Zügel, (Gurtzügel oder offene bzw. geschlossene Zügel aus Geschirrleder) die für jedes Pferd auf die passende Länge gekürzt bzw. angefertigt werden sollten.

BB „S" mit Nackenriemen aus Geschirrleder

hier ist der Nackenriemen aus 16 mm breitem, bestem Geschirrleder. Auch hierzu gibt es passende Zügel.

Service zum Bitless Bridle „S"

Ein Bitless Bridle muß exakt passen, um optimal zu funktionieren. Anders als bei konventionellen (Gebiss-) Zäumungen haben Stirnriemen und Nasenriemen eine wichtige Funktion, denn sie müssen den Nackenriemen führen.

Daher wird jedes Bitless Bridle „S" exakt an den Kopf Ihres Pferdes angepasst. Wenn Sie das Bitless Bridle „S"

bestellen, bekommen Sie zunächst ein Bitless Bridle aus Gurtband, das Sie Ihrem Pferd anlegen. Dann schicken Sie es mit den eingestellten Maßen zurück und das Bitless Bridle „S" wird genau nach diesen Vorgaben hergestellt. Auch die benötigte Zügellänge kann auf diese Weise festgestellt werden und Sie erhalten - wenn Sie entsprechend bestellen - gleich die passend abgemessenen Zügel dazu.

Ausserdem garantieren wir für zwei Jahre kostenlos jede Reparatur an Ihrem Bitless Bridle „S", egal, warum es defekt ist.

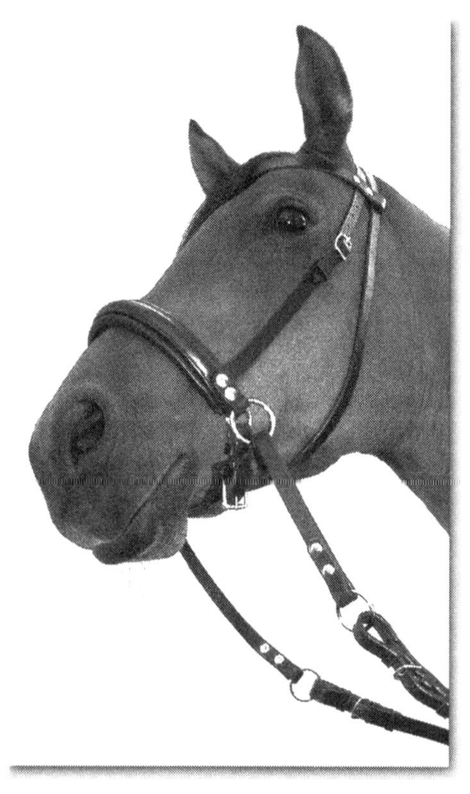

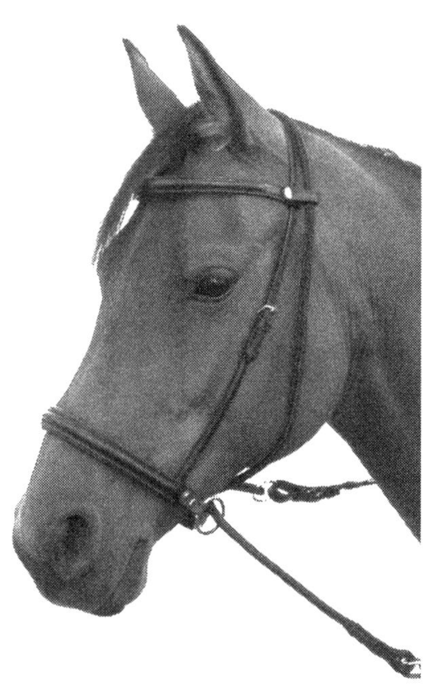

Bitless Bridle
„englische Zäumung"

Standard-Lederzäumung
Farbe: schwarz.
Größen: PonyI, Pony II, Vollblut, Warmblut
Nackengurt aus hochwertigem Geschirrleder oder aus weichem, 16fach geflochtenem Geolon-Seil, 10 mm Ø.

Bitless Bridle „Variabel"
und „Variabel +++Plus"

Das Bitless Bridle „Variabel" besteht aus stabilem 20 mm breitem Halftergurtband. Es kann von „Shetty" bis „Kaltblut" für jedes Pferd stufenlos passend eingestellt werden. Der Nackengurt (die Zügelverlängerung) besteht aus weichem, 16fach geflochtenem, 10 mm starkem Geolon-Seil.

Das Bitless Bridle „Variabel +++Plus" ist darüberhinaus in einigen Details verbessert:

- völlig rostfrei und daher 100% waschbar durch Verwendung von Schnallen, Nieten und Ringen aus rostfreiem Edelstahl, Messing und Nylon.
- breiteres und weicheres Halftergurtband (25 mm)
- in verschiedenen Farben lieferbar
- Herstellung nach Maß ohne Aufpreis (keine Schnallen auf Nase und Stirn)
- 12 mm breiter Geolon-Nackenriemen oder 6 m langer Zügel, der direkt über den Nacken geführt wird (= Zügel und Nackenriemen in einem Stück)

Bitless Bridle „Orgon"

Top-Lederqualität aus bestem, sehr weichem, 4 bis 5 mm starkem Geschirrleder. Ausführung schlicht (nicht genäht, nicht verziert).

Verbindungen mit Chicago-Schrauben (zur Sicherheit jeweils doppelte Schrauben), daher ist diese Zäumung sehr größenvariabel: jede gewünschte Größe von „Shetty" bis „Kaltblut" ist einstellbar, dh. dieses Bitless Bridle passt jedem Pferd. Daher ist dieses Bitless Bridle die ideale Alternative zu Zäumungen in Standard-Maßen.

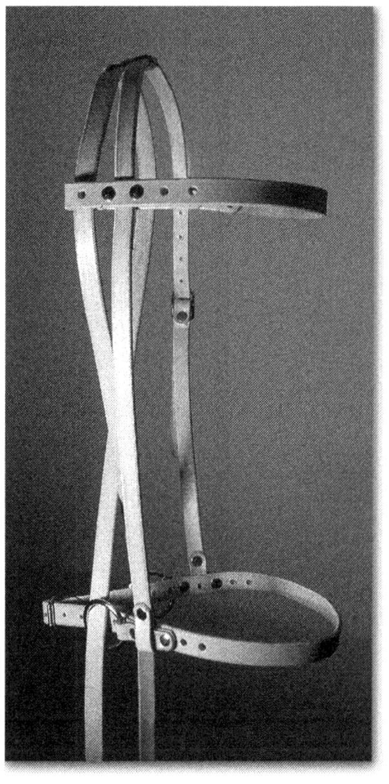

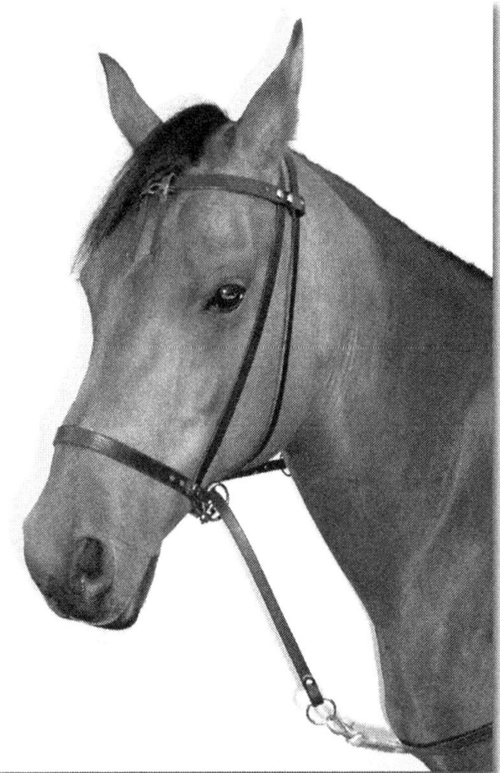

Drei Größen:
S (Shetty-Pony-Vollblut),
M (Vollblut bis Warmblut) und
L (Warmblut +größer)

Stirnbänder:
gerade (=„englischer Stil"),
oder Knoten (= „Western-Stil")
Farben: natur und schwarz

Bitless Bridle „Beta"

Beta Biothane ist ein Kunstleder, das speziell für den Einsatz im Reitsport entwickelt wurde.

Extrem haltbar: Beta Biothane besteht aus vinylbeschichtetem Nylongewebe. Es ist belastbarer als Leder.

Geschirrleder sehr ähnlich. Die Oberfläche und das Gewicht sind Geschirrleder täuschend ähnlich. Auch das gefühl in der Hand entspricht weitgehend dem von Leder. Die gleichmäßige Flexibilität ist der von Leder überlegen, das leicht hart wird, wenn es nicht richtig gepflegt wird. Dann wird Leder zum Problem, weil es auf dem empfindlichen Fell auf der Nase zu Scheuerstellen kommen kann.

Sehr einfach zu pflegen: Beta Biothane ist erheblich pflegeleichter als Leder. Nur feucht abwischen oder in Wasser tauchen und fertig. Die Metallteile (Lederschrauben und Ringe) sollten je-doch von Zeit zu Zeit gefettet werden, um Rost zu vermeiden.

Leder wird hart, wenn es nicht regelmäßig gefettet wird, und setzt Schimmel an, wenn es zu feucht gelagert wird. Beta Biothane ist daher das ideale Material für alle, die wenig Zeit für die Lederpflege aufbringen wollen.

Hautfreundlich für das Pferd: Da Beta Biothane weder Schweiß noch Wasser aufnimmt, ist die Gefahr, daß es zu Scheuerstellen kommt, viel geringer als bei Gurtband oder Leder. Schweiß und Feuchtigkeit bilden eine Schutzschicht, die jede Reibung am Fell minimiert.

Im Distanzreitsport erfolgreich erprobt: in den USA wird Beta Biothane sehr gerne im Distanzreitsport eingesetzt, weil dieses Material kein Wasser aufnimmt und damit gerade bei feuchtem Wetter nicht die negativen Eigenschaften hat, die bei Leder auftreten, das durch Regen und Schweiß durchfeuchtet (und dadurch schwer) wird und nach dem Trocknen hart und steif wird, wenn man es nicht regelmäßig einfettet.

Drei Größen:
S (Shetty-Pony-Vollblut),
M (Vollblut bis Warmblut) und
L (Warmblut +größer)

Stirnband gerade (=„englischer Stil"),
Farben: schwarz

Zügel für das Bitless Bridle

Zügel werden in den Ringen an den Enden des Nackengurts des Bitless Bridle eingeklinkt, daher müssen sie etwas kürzer sein (20 bis 40 cm) als normale Zügel, die am Gebiss benutzt werden. Western-Zügel werden einfach kürzer gegriffen oder entsprechend gekürzt.

Englische Zügel sollten idealerweise um das entsprechende Maß gekürzt werden. Um wieviel die Zügel jedoch tatsächlich kürzer sein müssen, sollten Sie individuell für sich entscheiden und selber abmessen.

Der Nackenriemen ist lediglich die Verlängerung der Zügel, die über Führungen am Nasenriemen und am Stirnriemen unter der Kehle des Pferdes

über Kreuz laufen und über den Nakken des Pferdes geführt werden.

Es liegt also nahe, ein einziges Seil zu nehmen: Ein ca.6 Meter langes 12 mm dickes Geolon-Seil funktioniert als Zügel, der durch die Führungen am Bitless Bridle über den Nacken des Pferdes geführt wird: die einfachste und effektivste Version. Die Zügel sind offen, können jedoch auch verknotet und so als geschlossene Zügel verwendet werden.

Wir haben darüberhinaus einfache Gurtzügel entwickelt, die über Metallschieber längenverstellbar sind. Mit diesen Zügeln kann die individuelle Zügellänge für jedes Pferd eingestellt werden.

Für den Anfang reicht es jedoch völlig aus, einfache, alte Gurtzügel zu nehmen, die man um die Länge kürzen kann, die der Nackenriemen über die Ringe am Nasenriemen hinausragt. Um diese Strecke muß der Zügel für das Bitless Bridle also kürzer sein, als ein Zügel, der am Gebiss benutzt wird. Wichtig ist, daß die gekürzten Zügel eine bequeme Länge haben.

Kurze Anleitung für das Kürzen von Standard-Gurtzügeln:

Stellen Sie zunächst fest, wie lang ihre Zügel für ein bequemes Reiten mit dem Bitless Bridle sen müssen.

Meist ist es die Länge, die der Nackenriemen über die Führungsringe am Nasenriemen hinausragt.

Siehe Abbildung unten:

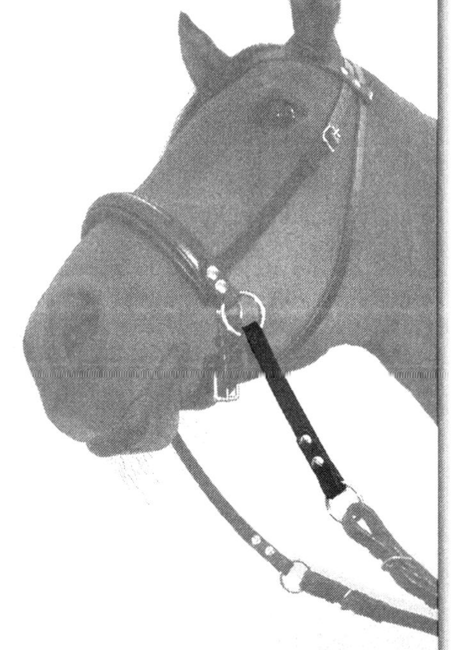

Die Gurtzügel werden dort auseinandergeschnitten, wo das Gurtband im Lederschaft eingenäht ist. (Naht auftrennen)

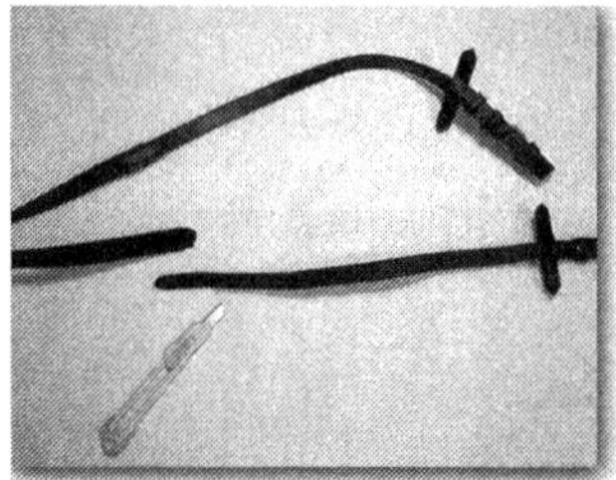

Das Gurtband wird gekürzt, evtl. mit Feuerzeug die Kanten verschmelzen.

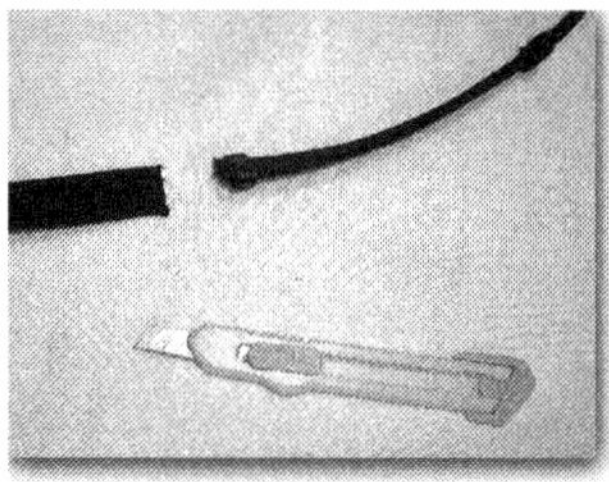

Die Löcher für die Nieten werden mit der Lochzange gestanzt.

Die Nieten werden eingesetzt und befestigt.

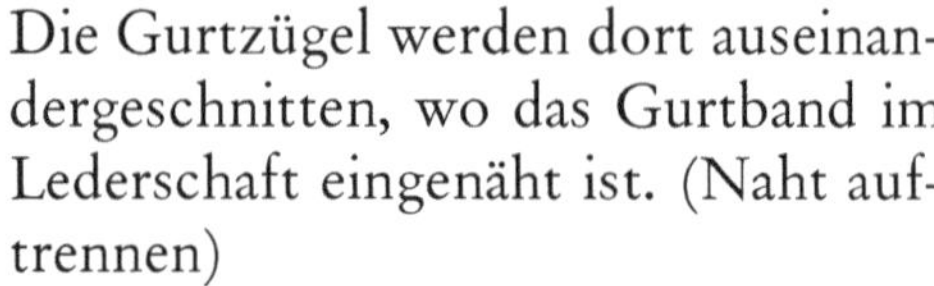

Literaturempfehlungen

Wir möchten Ihnen hier noch einige Bücher empfehlen, die zwar nicht alle mit gebisslosem Reiten zu tun haben, die Heike Bartling jedoch als besonders geeignet herausstellen möchte, wenn man sich mit Pferden und Reitausbildung intensiv beschäftigen will. Sie hat in diesen Büchern viele Anregungen gefunden, die sie in ihren Reitstunden oft schmerzlich vermißt hat. Letztlich hat sie ihre Reitausbildung selber in die Hand genommen und sich manches Reiterwissen über die Lektüre selber angeeignet. Auch wenn Reiter es sich nicht zutrauen, über das Lesen von Büchern reiten zu lernen, tragen diese erheblich dazu bei, die Hintergründe der Reitausbildung zu erfassen. Vielleicht mag es für manche Ausbilder eher unangenehm sein, wenn sich ihre Reitschüler theoretisch besser auskennen als praktisch. Sie sollten es dennoch begrüßen, wenn sich ihre Schüler weiterbilden und lieber einmal eine kritische Frage zu viel stellen als alle Anweisungen einfach unreflektiert zu akzeptieren.

Mit Pferden tanzen. Versammeltes Reiten am losen Zügel
von Klaus Ferdinand Hempfling
204 Seiten - Kosmos, 1993
ISBN: 3440065642
„Dominanz ohne Strafen, Versammlung ohne Zügeldruck - nur scheinbare Gegensätze, wie der Autor Klaus Ferdinand Hempfling in einer neuartigen Reitlehre zeigt. Die natürlichen Gesetze wildlebender Pferde werden integriert in ein Ausbildungssystem, das für alle Pferdetypen und -Rassen gültig ist."
Das Buch von Hempfling war meine erste Begegnung mit dem Gedanken, daß es eine andere Verständigung mit Pferden geben kann, als über die übliche Gewalt. Das Buch bietet eine ausführliche Darstellung von Körpersprache, Bodenarbeit und Dominanztraining. Ich habe mehrere Kurse von ihm besucht, seine Bücher gelesen und Videos gesehen und obwohl ich nicht allen Methoden und Gedankengängen Hempflings zustimme, kann ich anerkennen, daß er die Seele der Pferde würdigt und sie als Lebewesen respektiert.

Die neue Freizeitreiter- Akademie
von Claus Penquitt
300 Seiten - Franckh-Kosmos, 2001
ISBN: 3440080528
"Unumstößliches Gesetz für jegliches Reiten ist ein Pferdegerechter Sitz - von dem auch der Reiter erheblich profitiert - sowie eine intensive Gymnastizierung und Schulung, deren Art und Weise der Psyche und Anatomie des Pferdes gerecht wird"
Das Buch bietet eine 200%ig exakte Beschreibung aller Details beim Reiten im altklassischen Stil. Auch wenn das Buch einen Kurs für Freizeitreiter bieten soll, ist es doch so anspruchsvoll, daß auch sehr fortgeschrittene Reiter ihre Schwierigkeiten haben dürften, allen Anweisungen in autodidaktischer Weise zu folgen.
Penquitts Reitlehre kann ich nach vielen Versuchen, seinen Anweisungen zu folgen, als „präzise bis dogmatisch" bezeichnen. In manchen Bereichen fehlt mir der Bezug auf individuelle Fähigkeiten von Pferd und Reiter. Natürlich kann man aus diesem oft witzig geschriebenen Buch auch dann viele wertvolle Tipps erhalten, wenn man kein Penquitt-Reiter werden will.
Auch für ihn gilt, daß er das Wohl der Pferde obenan stellt und eine sehr schonende Reitweise propagiert.

Bodenarbeit mit Pferden
von Kerstin Diacont
168 Seiten - BLV, 2002
ISBN: 3405160871
„Psychologisches Grundwissen: das artspezifische Verhalten der Pferde und wie man es für die Ausbildung nutzt"
Dieses Buch ist ein Arbeitsbuch, präzise geschrieben und gut illustriert. Diacont bietet Bücher („Problempferde" und „Mit System zum harmonischen Reiten"), die fachlich kompetent vor allem gut praktisch umsetzbar sind.

Pferdetraining ohne Zwang
von John Lyons, Sinclair Browning
174 Seiten - BLV, 1999
ISBN: 3405154898
„Effektive Lerneinheiten nach dem System der kleinen Schritte von der Roundpen-Arbeit über die Bodenarbeit bis zur Ausbildung des Pferdes in Dressur und Gelände"

Akademische Reitkunst. Eine Reitlehre für anspruchsvolle Freizeitreiter.
von Bent Branderup
78 Seiten - Cadmos, 1999
ISBN: 386127308X
„Schritt für Schritt erklärt der Autor den Ausbildungsweg vom Einreiten über Seitengänge bis hin zur Piaffe und Kapriole. Alles über Körperhaltung und Sitz, Korrekturmethoden und Wiederaufbau verrittener Pferde."

Dieses Buch ist meiner Ansicht nach für den fortgeschrittenen Freizeitreiter unverzichtbar.

Grundkurs Westernreiten. Horsemanship Training

von Peter Kreinberg
138 Seiten - Kosmos , 2002
ISBN: 3440088693
„Peter Kreinberg, erfolgreicher Westernreiter und Trainer, beschreibt in seinem Buch den Weg zu einem einfühlsamen Sitz und zu richtiger Hilfengebung sowie die Korrektur von typischen Fehlern.“
Das Buch ist einfühlsam, präzise und authentisch. So trainiert, fühlt und schreibt ein echter Horseman.

Der Weg mit Pferden - Ein Weg zu mir. Das Pferd als Persönlichkeitstrainer

von Susanne E. Schwaiger
191 Seiten - Kosmos, 2000
ISBN: 3440079880
„Dass Pferde hervorragende Partner in der Schule des Lebens sind, ist nicht neu. Neu ist jedoch der Ansatz von Susanne E. Schwaiger, moderne Arbeitsweisen aus dem Persönlichkeitstraining mit meditativen Entspannungsübungen sowie Körper- und Energiearbeit so zu verbinden, dass dadurch ein Entwicklungsprozess von Mensch und Pferd in Gang gesetzt wird. Anhand von Dias, Checklisten, Übungen und Fallbeispielen zeigt die Autorin, wie wir unsere Persönlich-
keit besser einschätzen und uns von eingefahrenen Verhaltensmustern lösen können.“
Die Essenz des Buches: Das Pferd hält uns ständig einen Spiegel vor. Das gibt uns die Gelegenheit, Schwierigkeiten zu orten und an ihrer Wurzel zu ändern. Ein Buch zur Selbsterkenntnis.

Bruder Pferd

von Gerald Kleczkowski
Verlag J. Heyn, A-9020 Klagenfurt, Kramergasse 2-4
ISBN 3-85366-989-1
„Es ist dies nicht einfach nur eine Geschichte von der Liebe zu einem Pferd, nein nicht nur das, sondern die Erzählung bedeutender Erkenntnisse die mir mein Pferd herbeigeführt hat und die zu einer herrlichen, außerordentlich lockeren Art zu reiten geführt hatte, einer Art, die kein Mundstück wie Trense, keine Gerte, Sporen oder Sperriemen erfordert. Ich entdeckte, wie schon in Verbindung mit anderen Tieren, dass der Kern der nahen Kommunikation mit anderen Wesen (und auch Menschen) ganz wo anders liegt, als es unsere allgemeine Meinung darstellt.
Am schönsten drückte es Antoine de Saint-Exupéry aus, in seinem bekannten und überaus lesenswerten Buch „Der kleine Prinz“. Durch den Fuchs lässt er es sagen:
„Man sieht nur mit dem Herzen gut, das Wesentliche ist für die Augen unsichtbar“. Ich war damals aus allen Wolken gefal-

len, als bei mir das Licht aufging. Mein Pferd hatte von sich aus den Anfang gemacht und ich hatte Gott sei Dank richtig verstanden. Die Folge war eine 180-Grad Wendung von mir. Von einen Tag auf den anderen konnte ich plötzlich mein Pferd ruhig und locker, ohne jegliches mechanische Hilfsmittel reiten, - genau so verlässlich wie vordem, unter Gebrauch all der Hilfsmittel, die man standardmäßig beim Reiten einsetzt. Ursache war nicht nur ein anderes Reglement beim Reiten, das hätte im Prinzip nur teilweise das erreicht, was in Wirklichkeit später daraus wurde. Erst eine Studienreise nach Arizona und die Auseinandersetzung mit indianischen Denkweisen, brachte mir das letzte Quäntchen der Bestätigung, dass ich auf dem richtigen Weg bin. Seit ich diese neuentdeckte Denkweise in seriöser Art in meinem tiefsten Inneren beheimatet hatte, ging alles von alleine. Alle Tiere ließen es mich merken, bald auch die Menschen meiner Umgebung. Garantierte Wertschätzung allen Lebens, meinerseits und seitens des Gegenübers, macht die Welt erst lebenswert.

Ich halte das Buch vor allem deshalb für wichtig, weil hier aufgezeigt wird, daß es möglich ist, Pferden auf friedlicher, harmonischer Ebene zu begegnen und alles, was sich der Reiter wünscht, auch ohne jeden Zwang und vor allem ohne Gebiss-Zäumung zu bekommen.

denn Pferde lügen nicht
Neue Wege zu einer vertrauten Pferd-Mensch-Beziehung
von Mark Rashid
Kosmos, Stuttgart, 2002
ISBN 3-440-09357-3

„Mark Rashid ist als Ausbilder einzigartig. Es kommt ihm immer darauf an, den Standpunkt des Pferdes zu berücksichtigen, und mit dieser Methode erzielt er verblüffende Veränderungen bei Pferden und den Menschen, die sie lieben. Er ist außerdem ein wunderbarer Geschichtenerzähler, der es fertig bringt, seine Prinzipien des Horsemanship nahtlos mit spannenden Anekdoten aus seinem eigenen Leben zu verweben, besonders von seinen Lehrjahren bei einem ergrauten alten Pferdemann, der einfach 'der alte Mann' heißt.

Mark Rashid stützt seine sanfte, undogmatische Trainingsphilosophie auf den 'passive leader', was man am besten auch mit 'sanfter Führer' übersetzt. Das ist in der Herde das Pferd, das mehr durch sein Beispiel führt als durch Druck. Mark drängt Ihnen seine Methode genauso wenig auf, wie er sie einem Pferd aufzwingen würde. Er erklärt, was es in seinen Augen für Wahlmöglichkeiten gibt und läßt Sie dann Ihre eigene Entscheidung treffen."

Dieses Buch ist ein kleiner Schatz. Ich wünsche ihm, daß alle Reiter, die gewaltfrei mit ihren Pferden umgehen wollen, dieses Buch lesen und seine Gedanken in ihr Herz lassen.

Wollen Sie, daß Ihr Pferd kooperiert?

Fragen Sie sich selber, ob Sie es mit dem Bitless Bridle versuchen sollten?

Wollen Sie, daß Ihr Pferd keine Angst hat, ihm könnte von Ihnen Schmerz zugefügt werden?

Reiten Sie mit einer Methode der Signalreiterei, d.h. arbeiten Sie daran, die Zügelhilfen auf ein Minimalmaß zu reduzieren?

Rennt Ihr Pferd vor „etwas" davon und Sie haben schon alles mögliche probiert, das abzustellen?

Haben Sie bereits gute Erfahrungen mit Reithalfter, Sidepull, Halsring, Bosal oder anderen gebisslosen Zäumungen gemacht, Ihnen fehlt aber die seitliche Einwirkung und/oder die Genick-Einwirkung?

Suchen Sie eine einfache Methode mit „leichter Anlehnung" zu reiten?

Reiten Sie noch nicht mit wirklich ruhigen Händen?

Haben Sie bereits alle möglichen Gebisse ausprobiert, aber Ihr Pferd zeigt immer noch Ausweichreaktionen?

Geht Ihr Pferd gut mit Hackamore, aber Sie suchen nach einer sanfteren Methode?

Ist Ihnen das emotionelle Erleben Ihres Pferdes wichtg?

Wollen Sie, daß Ihr Pferd vor allem glücklich ist?

Haben Sie sich bereits mit „Natural Horsemanship", „Pferdeflüsterern" und mit verschiedenen alternativen Reitstilen beschäftigt und finden diese Gedanken prinzipiell sinnvoll?

Wissen Sie, daß die traditionellen Reitweisen ihren Ursprung in der militärischen Reiterei haben?

Meinen Sie, daß Traditionen in der Reiterei sinnvolle Neuentwicklungen behindern können?

Wissen Sie, daß „Kauen" und „Speichelbildung" entgegen der landläufigen Ansicht nachteilige physiologische Wirkungen für das Pferd hat?

Wissen Sie, daß laute Atemgeräusche des Pferdes beim Reiten daher kommen, daß es durch das Gebiss beim Atmen behindert wird?

Meinen Sie, daß Kinder gewaltfrei, d.h. ohne Schläge, Schmerzen und Erniedrigungen erzogen werden sollten und glauben Sie, daß dieses Prinzip auch auf die Pferdeerziehung angewendet werden sollte?

Haben Sie schon einmal den Unterschied bemerkt zwischen Pferden mit offenem, neugierigem und den Menschen zugewandtem Blick und Pferden, die „zu" sind, die sich nach innen abgekapselt haben?

Haben Sie festgestellt, daß Sie sich verkrampfen und in sich zurückziehen, wenn Sie Kopf- oder Zahnschmerzen haben?

Haben Sie sich schon einmal als „Aussenseiter/in" gefühlt, weil Sie andere Methoden ausprobieren, als die anderen Reiter um Sie herum?

Möchten Sie eigentlich gebisslos reiten, glauben aber, daß Sie „noch nicht so weit sind"?

Wollen Sie, daß Ihre Kinder reiten, wissen aber, daß sie noch unruhige Hände haben und den Pferden damit schaden können?

Reden Sie mit Ihrem Pferd?

Spricht Ihr Pferd zu Ihnen?

Meinen Sie, daß Pferde keine „beweglichen Sportgeräte" sind und daß sie als fühlende Wesen geachtet und beschützt werden sollen?

Wissen Sie, daß Ihr Pferd Ihnen auf Gedeih und Verderb ausgeliefert ist?

Wundern Sie sich manchmal über die Gutmütigkeit der Pferde, die trotz unserer vielen Fehler immer noch mit uns kooperieren?

weitere Informationen unter: www.gebisslos-reiten.de

Auf unserer Webseite erhalten Sie viele weitere Informationen, Erfahrungsberichte und Bestellmöglichkeiten. Wir unterhalten einen Newsletter-Service, über den wir Sie informieren, falls es etwas Neues über das Bitless Bridle zu berichten gibt. Ausserdem haben wir für die Teilnehmer am Newsletter immer wieder Sonderangebote.

Wir wünschen uns, daß Reitlehrer und andere, die sich professionell mit Pferden beschäftigen, mit dem Bitless Bridle zu arbeiten beginnen, d.h. sowohl Pferde wie Reitschüler mit dem Bidless Bridle ausbilden. Diesen Ausbildern wollen wir auf der Webseite ein Forum bieten, sich öffentlich bekannter zu machen.

Bitless Bridle VARIABEL zum Testen für 14 Tage

Sie können das Bitless Bridle VARIABEL aus Gurtband 14 Tage lang unverbindlich testen. Sie zahlen lediglich 3 Euro Portokosten und 5 Euro Bearbeitungsgebühr.

Wenn Sie das „Bitless Bridle VARIABEL" behalten wollen, buchen wir den Kaufpreis nach etwa 16 Tagen von Ihrem Konto ab. Wenn Sie sich in dieser Zeit nicht für das Bitless Bridle entscheiden, schicken Sie es spätestens nach 14 Tagen an uns zurück und alles ist für Sie erledigt. Natürlich können Sie es auch zurückschicken und sich dafür eine andere Version - z.B. aus Leder - bei uns bestellen. Dann berechnen wir nichts für den Test.

Neben dem Vorteil, daß Sie das Bitless Bridle auf diese Weise ausgiebig zu sehr günstigen Konditionen testen können, ist es so möglich, sehr genau die exakte Größe des Bitless Bridle herauszubekommen. Das es bei Zäumungen keine verbindlichen Normgrößen gibt, besteht hier viel Verwirrung, was leider zu unnötigen Enttäuschungen und überflüssigem Postverkehr führt. Wir können Ihnen Zäumungen anbieten, die jedem Pferd absolut korrekt angepaßt werden können.

Bei Interesse füllen Sie bitte das umseitige Formular aus und schicken oder faxen es uns zu. Sie können das Testangebot natürlich auch über unsere Webseite bestellen.

per Brief an: Fischer-ORGON-Technik,
Am Friedhof 10, 27412 Tarmstedt
oder **per Fax** an: 04283-95 54 02

Name, Vorname _______________________________

Straße, Nr. _______________________________

PLZ - Ort _______________________________

E-Mail (falls vorhanden): _______________________________

Telefon/Fax: _______________________________

ACHTUNG! Dieser Service steht nur in Deutschland zur Verfügung

Ich bestelle:
Ein **Bitless Bridle VARIABEL aus Gurtband**, schwarz (alle Größen von „Shetty" bis „Warmblut Large" stufenlos einstellbar) sowie **längenverstellbare Gurtzügel für 14 Tage unverbindlich zur Ansicht**. Ich kann es in dieser Zeit zerstörungsfrei benutzen.
Ich kann das Bitless Bridle nach 14 Tagen ohne Angabe von Gründen zurückschicken. Die Portokosten für die Rücksendung trage ich selber. Falls ich die Sendung „unfrei" an Sie schicke, können Sie die entstandenen Kosten ebenfalls von meinem Konto abbuchen. Ich zahle eine Bearbeitungsgebühr von 5,- Euro sowie Versandkosten von 3,- Euro. Diese Summe (8,- Euro) können Sie von meinem Konto abbuchen.
Wenn ich das Bitless Bridle behalte, können Sie die Kaufsumme von 73,80 Euro (Bitless Bridle: 54,90 + Zügel: 15,90 + 3,- Porto) von meinem Konto abbuchen. Ich zahle in diesem Fall keine Bearbeitungsgebühr.
Wenn ich mit dem Zurückschicken des Test-Bitless-Bridle eine andere Zäumung bestelle, bezahle ich nichts für den Test.

Der Betrag kann von folgendem Konto abgebucht werden. Ohne Kontodeckung besteht seitens des Bankinstituts keine Zahlungsverpflichtung.

Kontoinhaber: __________________________
Kontonummer: __________________________
Bankleitzahl: __________________________
Bankinstitut, Ort: __________________________

Datum, Unterschrift: _______________________________